U0583370

吉林全書

史料編

④

吉林文史出版社

圖書在版編目（CIP）數據
長白彙徵録 / (清) 張鳳臺著. -- 長春 : 吉林文史出版社, 2024. 12. -- (吉林全書). -- ISBN 978-7-5752-0823-9
Ⅰ. K928.3
中國國家版本館 CIP 數據核字第 2024JJ8101 號

CHANGBAI HUI ZHENG LU
長 白 彙 徵 録

著　　者　[清] 張鳳臺
出 版 人　張　强
責任編輯　馬銘燴
封面設計　溯成設計工作室
出版發行　吉林文史出版社
地　　址　長春市福祉大路5788號
郵　　編　130117
電　　話　0431-81629356
印　　刷　吉林省吉廣國際廣告股份有限公司
印　　張　25.25
字　　數　175千字
開　　本　787mm × 1092mm　1/16
版　　次　2024年12月第1版
印　　次　2024年12月第1次印刷
書　　號　ISBN 978-7-5752-0823-9
定　　價　130.00圓

版權所有　侵權必究

《吉林全書》編纂委員會

主　任　曹路寶

副主任　王　穎　張志偉　劉立新　孫光芝　于　强　鮑盛華　張四季　劉信君
李德山　鄭　毅

編　委（按姓氏音序排列）
安　静　陳艷華　程　明　費　馳　高福順　韓戾軍　胡維革　黃　穎
姜維公　姜　洋　蔣金玲　竭寶峰　李　理　李少鵬　劉奉文　劉　樂
劉立强　羅冬陽　吕　萍　施立學　孫洪軍　孫　宇　孫澤山　佟大群
王　非　王麗華　魏　影　吴愛雲　吴長安　薛　剛　楊洪友　姚淑慧
禹　平　張　强　張　勇　趙春江　朱立春

總主編　曹路寶

史料編主編　胡維革　李德山　竭寶峰

《吉林全書》學術顧問委員會

學術顧問
（按姓氏音序排列）

邴　正　陳紅彥　程章燦　杜澤遜　關樹東　黃愛平　黃顯功　江慶柏
姜偉東　姜小青　李花子　李書源　李　岩　李治亭　厲　聲　劉厚生
劉文鵬　全　勤　王　鍔　韋　力　姚伯岳　衣長春　張福有　張志清

總序

『長白雄東北，嵯峨俯塞州。』吉林省地處中國東北中心區域，是中華民族世代生存融合的重要地域，素有『白山松水』之地的美譽。歷史上，華夏、濊貊、肅慎和東胡族系先民很早就在這片土地上繁衍生息，高句麗、渤海國等中國東北少數民族政權在白山松水間長期存在，以契丹族、女真族、蒙古族、滿族融合漢族在内的多民族形成的遼、金、元、清四個朝代，共同賦予吉林歷史文化悠久獨特的優勢和魅力，決定了吉林文化不可替代的特色與價值，具有緊密呼應中華文化整體而又與衆不同的生命力量，見證了中華民族共同體的融鑄和我國統一多民族國家的形成與發展。

提到吉林，自古多以千里冰封的寒冷氣候爲人所知，一度是中原人士望而生畏的苦寒之地，一派肅殺之氣。再加上吉林文化在自身發展過程中存在着多次斷裂，致使衆多文獻湮没、典籍無徵，一時多少歷史文化精粹『明珠蒙塵』，因此，形成了一種吉林缺少歷史積澱，文化不若中原地區那般繁盛的偏見。實際上，在數千年的漫長歲月中，吉林大地上從未停止過文化創造，自青銅文明起，從先秦到秦漢，再到隋唐直至明清，吉林地區不僅文化上不輸中原地區，還對中華文化産生了深遠的影響，爲後人留下了衆多優秀古籍，涵養着吉林文化的根脉，猶如璀璨星辰，在歷史的浩瀚星空中閃耀着奪目光輝，標注着地方記憶的傳承與中華文明的賡續。我們需要站在新的歷史高度，用另一種眼光去重新審視吉林文化的深邃與廣闊，通過豐富的歷史文獻典籍去閱讀吉林文化的傳奇與輝煌。

吉林歷史文獻典籍之豐富，源自其歷代先民的興衰更替、生生不息。吉林文化是一個博大精深的體系，從左家山文化的『中華第一龍』，到西團山文化的青銅時代遺址，再到二龍湖遺址的燕國邊城，都見證了吉林大地的文明在中國歷史長河中的肆意奔流。早在兩千餘年前，高句麗人的《黄鳥歌》《人參贊》以及《留記》等文史作品就已在吉林誕生，成爲吉林地區文學和歷史作品的早期代表作。高句麗文人之《新集》，渤海國人『疆理雖重海，車書本一家』之詩篇，金代海陵王詩詞中的『一咏一吟，冠絶當時』，再到金代文學的『華實相扶，骨力遒上』，皆凸顯出吉林不遜文教、獨具風雅之本色。

吉林歷史文獻典籍之豐富，源自其地勢四達并流、山水環繞。吉林土地遼闊而肥沃，山河壯美而令人神往，吉林大地可耕可牧、可漁可獵，無門庭之限，亦無山河之隔，進出便捷，四通八達。沈兆禔在《吉林紀事詩》中寫道，『肅慎先徵孔氏書』，印證了東北邊疆與中原交往之久遠。早在夏代，居住於長白山脚下的肅慎族就與中原建立了聯係。一部《吉林通志》，『考四千年之沿革，挈領提綱；綜五千里之方輿，辨方正位』，從時間和空間兩個維度，寫盡吉林文化之淵源深長。

吉林歷史文獻典籍之豐富，源自其民風剛勁、民俗絢麗。《長白徵存録》寫道，『日在深山大澤之中，伍鹿豕、耦虎豹，非素嫻技藝，無以自衛』，描繪了吉林民風的剛勁無畏，爲吉林文化平添了幾分豪放之感。清代藏書家張金吾也在《金文最》中評議，『知北地之堅强，絶勝江南之柔弱』，足可見，吉林大地與生俱來的豪健英杰之氣。同時，與中原文化的交流互通，也使邊疆民俗與中原民俗相互影響、不斷融合，既體現出敢於拼搏、鋭意進取的開拓精神，又兼具脚踏實地、穩中求實的堅韌品格。

吉林歷史文獻典籍之豐富，源自其諸多名人志士、文化先賢。自古以來，吉林就是文化的交流彙聚之地，從遼、金、元到明、清，每一個時代的文人墨客都在這片土地留下了濃墨重彩的文化印記。特别是，清代東北流人的私塾和詩社，爲吉林注入了新的文化血液，用中原的文化因素教化和影響了東北的人文氣質和文化形態；至近代以『吉林三杰』宋小濂、徐鼐霖、成多禄爲代表的地方名賢，以及寓居吉林的吴大澂、金毓黻、劉建封等文化名家，將吉林文化提升到了一個全新的高度，他們的思想、詩歌、書法作品中無一不體現着吉林大地粗狂豪放、質樸豪爽的民族氣質和品格，滋養了孜孜矻矻的歷代後人。

盛世修典，以文化人，是中華民族延續至今的優良傳統。我們在歷史文獻典籍中尋找探究有價值、有意義的歷史文化遺産，於無聲中見證了中華文明的傳承與發展。吉林省歷來重視地方古籍與檔案文獻的整理出版。自二十世紀八十年代以來，李澍田教授組織編撰的《長白叢書》，開啓了系統性整理、組織化研究吉林文獻典籍的先河，赢得了『北有長白，南有嶺南』的美譽；進入新時代以來，鄭毅教授主編的《長白文庫》叢書，繼續肩負了保護、整理吉林地方傳統文化典籍，弘揚民族精神的歷史使命，從大文化的角度折射出吉林文化的繽紛异彩。隨着《中國東北史》和《吉林通史》等一大批歷史文化學術著作的問世，形成了獨具吉林特色的歷史文化研究學術體系和話語體系，對融通古今、賡續文脉發揮了十分重要的作用。正是擁有一代又一代富有鄉邦情懷的吉林文化人的辛勤付出和豐碩成果，使我們具備了進一步完整呈現吉林歷史文化發展全貌，淬煉吉林地域文化之魂的堅實基礎和堅定信心。

當前，吉林振興發展正處在滚石上山、爬坡過坎的關鍵時期，機遇與挑戰并存，困難與希望同在。站在這樣的歷史節點，迫切需要我們堅持高度的歷史自覺和人文情懷，以文獻典籍爲載體，全方位梳理和展示吉林政治、經濟、社會、文化發展的歷史脉絡，讓更多人瞭解吉林歷史文化的厚度和深度，感受這片土地獨有的文化基因和精神氣質。

鑒於此，吉林省委、省政府作出了實施《吉林全書》編纂文化傳承工程的重大文化戰略部署，這不僅是深入學習貫徹習近平文化思想、認真落實黨中央關於推進新時代古籍工作要求的務實之舉，也是推進吉林優秀傳統文化保護傳承、建設文化强省的重要舉措。歷史文獻典籍是中華文明歷經滄桑留下的最寶貴的東西，是吉林優秀歷史文化『物』的載體，彙聚了古人思想的寶藏、先賢智慧的結晶。對歷史最好的繼承，就是創造新的歷史。傳承延續好這些寶貴的民族記憶，就是要通過深入挖掘古籍藴含的哲學思想、人文精神、價值理念、道德規範，推動中華優秀傳統文化創造性轉化、創新性發展，作用于當下以及未來的經濟社會發展，更好地用歷史映照現實、遠觀未來。這是我們這代人的使命，也是歷史和時代的要求。

從《長白叢書》的分散收集，到《長白文庫》的萃取收録，再到《吉林全書》的全面整理，以歷史原貌和文化全景的角度，進一步闡釋了吉林地方文明在中華文明多元一體進程中的地位作用，講述了吉林人民在不同歷史階段爲全國政治、經濟、文化繁榮所作的突出貢獻，勾勒出吉林文化的質實貞剛和吉林精神的雄健磊落、慷慨激昂，引導全省廣大幹部群衆更好地瞭解歷史、瞭解吉林，挺起文化脊梁、樹立文化自信，不斷增强砥礪奮進的恒心、韌勁和定力，持續激發創新創造活力，提振幹事創業的精氣神，爲吉林高品質發展明顯進位、全面振興取得新突破提供有力文化支撑，彙聚强大精神力量。

爲扎實推進《吉林全書》編纂文化傳承工程，我們組建了以吉林東北亞出版傳媒集團爲主體，涵蓋高等院校、研究院所、新聞出版、圖書館、博物館等多個領域專業人員的《吉林全書》編纂委員會，并吸收國内知名清史、民族史、遼金史、東北史、古典文獻學、古籍保護、數字技術等領域專家學者組成顧問委員會，經過認真調研、反復論證，形成了《〈吉林全書〉編纂文化傳承工程實施方案》，確定了『收集要全、整理要細、研究要深、出版要精』的工作原則，明確提出在編纂過程中不選編、不新創，尊重原本、致力全編，力求全方位展現吉林文化的多元性和完整性。在做好充分準備的基礎上，《吉林全書》編纂文化傳承工程於二〇二四年五月正式啓動。

爲高質量完成編纂工作，編委會對吉林古籍文獻進行了空前的彙集，廣泛聯絡國内衆多館藏單位，尋訪民間收藏人士，重點以吉林省方志館、東北師範大學圖書館、長春師範大學圖書館、吉林省社科院爲收集源頭開展了全面的挖掘、整理和集納；同時，還與國家圖書館、上海圖書館、南京圖書館、遼寧省圖書館、吉林省圖書館、吉林市圖書館等館藏單位及各地藏書家進行對接洽談，獲取了充分而精准的文獻信息。同時，專家學者們也通過各界友人廣徵稀見，在法國國家圖書館、日本國立國會圖書館、韓國國立中央圖書館等海外館藏機構搜集到諸多珍貴文獻。在此基礎上，我們以審慎的態度對收集的書目進行甄别、分類、整理和研究，形成了擬收録的典藏文獻名録，分爲著述編、史料編、雜集編和特編四個類别。此次編纂工程不同於以往之處，在於充分考慮吉林的地理位置和歷史變遷，將散落海内外的日文、朝鮮文、俄文、英文等不同文字的相關文獻典籍一并集納收録，并以原文搭配譯文的形式收於特編之中。截至目前，我們已陸續對一批底本最善、價值較高的珍稀古籍進行影印出版，爲館藏單位、科研機構、高校院所以及歷史文化研究者、愛好者提供參考和借鑒。

『周雖舊邦，其命維新』，文獻典籍最重要的價值在於活化利用。編纂《吉林全書》并不意味着把古籍束之高閣，而是要在『整理古籍、複印古書』的基礎上，加强對歷史文化發展脉絡的前後貫通、左右印證，更好地服務於對吉林歷史文化的深入挖掘研究。爲此，我們同步啓動實施了『吉林文脉傳承工程』，旨在通過『研究古籍、出版新書』，讓相關學術研究成果以新編新創的形式著述出版，借助歷史智慧和文化滋養，通過創造性轉化、創新性發展，探尋當前和未來的發展之路，以守正創新的正氣和鋭氣，賡續歷史文脉、譜寫當代華章。

做好《吉林全書》編纂文化傳承工程是一項『汲古潤今，澤惠後世』的文化事業，責任重大、使命光榮。我們將秉持敬畏歷史、敬畏文化之心，以精益求精、止於至善的工作信念，上下求索、耕耘不輟，爲實現文化種子『藏之名山，傳之後世』的美好願景作出貢獻。

《吉林全書》編纂委員會

二〇二四年十二月

凡例

一、《吉林全書》（以下簡稱《全書》）旨在全面系統收集整理和保護利用吉林歷史文獻典籍，傳播弘揚吉林歷史文化，推動中華優秀傳統文化傳承發展。

二、《全書》收録文獻地域範圍，首先依據吉林省當前行政區劃，然後上溯至清代吉林將軍、寧古塔將軍所轄區域内的各類文獻。

三、《全書》收録文獻的時間範圍，分爲三個歷史時段，即一九一一年以前，一九一二至一九四九年，一九四九年以後。每個歷史時段的收録原則不同，即一九一一年以前的重要歷史文獻，收集要『全』；一九一二至一九四九年間的重要典籍文獻，收集要『精』；一九四九年以後的著述豐富多彩，收集要『精益求精』。

四、《全書》所收文獻以『吉林』爲核心，着重收録歷代吉林籍作者的代表性著述，流寓吉林的學人著述，以及其他以吉林爲研究對象的專門著述。

五、《全書》立足於已有文獻典籍的梳理、研究，不新編、新著、新創。出版方式是重印、重刻。

六、《全書》按收録文獻内容，分爲著述編、史料編、雜集編和特編四類。

著述編收録吉林籍官員、學者、文人的代表性著作，亦包括非吉林籍人士流寓吉林期間創作的著作。作品主要爲個人文集，如詩集、文集、詞集、書畫集等。

史料編以歷史時間爲軸，收録一九四九年以前的歷史檔案、史料、著述，包含吉林的考古、歷史、地理資料等；收録吉林歷代方志，包括省志、府縣志、專志、鄉村村約、碑銘格言、家訓家譜等。

雜集編收録關於吉林的政治、經濟、文化、教育、社會生活、人物典故、風物人情的著述。

特編收録就吉林特定選題而研究編著的特殊體例形式的著述。重點研究認定『滿鐵』文史研究資料和東北亞各民族不同語言文字的典籍等。關於特殊歷史時期，比如，東北淪陷時期日本人以日文編寫的『滿鐵』資料作爲專題進行研究，以書目形式留存，或進行數字化處理。開展對滿文、蒙古文，高句麗史、渤海史、遼金史的研究，對國外研究東北地區史和高句麗史、渤海史、遼金史的研究成果，先作爲資料留存。

七、《全書》出版形式以影印爲主，影印古籍的字體版式與文獻底本基本保持一致。

八、《全書》整體設計以正十六開開本爲主，對於部分特殊内容，如，考古資料等書籍采用一比一的比例還原呈現。

九、《全書》影印文獻每種均撰寫提要或出版説明，介紹作者生平、文獻内容、版本源流、文獻價值等情況。影印底本原有批校、題跋、印鑒等，均予保留。底本有漫漶不清或缺頁者，酌情予以配補。

十、《全書》所收文獻根據篇幅編排分册，篇幅適中者單獨成册，篇幅較大者分爲序號相連的若干册，篇幅較小者按類型相近或著作歸屬原則數種合編一册。數種文獻合編一册以及一種文獻分成若干册的，頁碼均單排。若一本書中收録兩種及以上的文獻，將設置目録。各册按所在各編下屬細類及全書編目順序編排序號，全書總序號則根據出版時間的先後順序排列。

长白彙徵録

[清] 張鳳臺 著

提要

《長白彙徵録》，成書於宣統二年（一九一〇），作者爲長白府首位知府張鳳臺。全書共一函四册，三百六十頁，二十三萬餘字。該書版本較多，主要版本爲宣統二年（一九一〇）的鉛印本，現藏於吉林省圖書館、吉林大學圖書館、東北師範大學圖書館、吉林社會科學院圖書館、遼寧省圖書館等處。

《長白匯徵録》體例完備、内容宏富、重點突出。全書分爲邊疆（國朝本郡疆域、歷代沿革、區域、建置、道路）、山川（諭旨、長白山、三江源流、周圍山脈水源方向里數記略、穆克登分水嶺碑文、穆石辯）、兵事（國朝本郡兵事、歷代兵事、長生堡兵事紀略、險要、通籌東三省邊務芻議）、風俗（弧矢、廬舍、飲食、衣服、器用、語言、宗教、祭祀、職作、土風、韓僑風俗）、物産（植物、動物、礦産等）、藥品（草、木、果、穀菜、金石、鳥獸、鱗介、昆蟲諸部）、文牘（内治外交之稟貼、路工記、江巡記、户口等）、雜識（諸多碑文、碑記、山記、塔記、廬記、古迹等）諸部分，詳細記載了長白山地區的自然地理概貌、風土人情、邊疆、民族、外交以及長白府的疆域、物産、民俗等事宜。

《長白彙徵録》是清代第一部長白山地方志，也是清代長白府的第一部方志。作者張鳳臺是一位愛國官吏，面對中國面臨的政治危機、邊疆危機和民族危機，他以『學術戍邊』，全書都貫穿着『保皇基、厘國界、衛民生』的愛國思想。書中闡述的有關開發邊疆和保衛邊疆的思想，至今仍有着參考價值；對於清末越墾朝民的治理政策及對中朝邊界的相關記述，爲研究民族問題和中朝邊界問題提供了重要參考；所記述的長白府加强行政建設、開發建設邊疆、徙民實邊等一系列政策和措施，對於抵制日本侵略勢力滲透，維護國家主權有着積極作用。

爲盡可能保存古籍底本原貌，本書做影印出版，因此，書中個別特定歷史背景下的作者觀點及表述内容，不代表編者的學術觀點和編纂原則。

長白徵存錄首卷

序

皇帝御極之元年鳳于役東山忽忽已踰年矣署工路工邊防江防學務警務各項籌畫雖未完全規模粗具惟疆域山川風俗物產與歷代兵事諸大端稽諸上古則渾渾噩噩語涉鴻荒嬴秦以還鄒說燕書率多謬舛溯自肅愼夫餘以迄遼金元明上下四千年縱橫三萬里英君賢相耆儒宿學後先相望於史册何獨於白山以南鴨江以北因革損益竟嘆杞宋無徵致令章亥窘於測量輶軒窮於搜採耶說者謂我

長白徵存錄

朝奠鼎幽燕奉
旨封禁八旗臣庶　扈從入關遼瀋以東草昧混沌夐無人跡遂如循仡循蜚之荒遠難稽焉■曰不然東道之不通由來舊矣唐虞之際惟肅愼氏國於不咸山之北厥後相繼而王介乎遼瀋之間曰夫餘氏建都鴨綠江流域襲百濟呑三韓者是爲高勾驪漢嶺東七都尉悉屬樂浪魏晋時三沃沮惟北沃沮領肅愼南界亦越挹婁勿吉渤海靺鞨契丹諸國接踵齊驅或襲前朝舊壤或遷新國上京篳路藍縷以啓山林總不離白山黑水之間遼都忽汗州（在今牡丹江左右）金都會甯府（在寗古塔境）元都斡難河帝出於震建極艮維類皆

踞東北而控西南此考諸歷代都城部落而長白山以南之故實所以無可徵信者一也奉省自臨江老嶺迤東懸崖絕澗險於蜀道李唐時惟賈耽道里紀刊行最早顧其所載水陸行程係由鴨綠江口舟行三百餘里又陸行歷經神州顯州抵渤海長嶺府（今吉林南境）而臨江迤東不詳爲次則許亢宗奉使行程錄亢宗行至同州東望大山（在今開原境內非長白山）過混同江於宋則洪皓松漠紀聞忠宣扈從二聖至五國頭城（在今伯都訥境內）流冷遼山（在今五常廳境內）於遼則胡嶠北行記嶠爲蕭翰掌書記東行至福州而止（在吉林省境內）其最近之書則明臣黃道周博物典彙敘列建州軼事頗稱詳賅然明代遼東疆域

至今撫順之薩爾滸界藩城爲界綜計唐宋以來記載程途率皆循西南而趨東北此攷諸歷代名家撰述而長白山以南之故實所以無可徵信者二也洪惟我

朝珠申肇迹統一車書師旅所經曰訥殷（在長白山北）曰蘇克素護河（在老嶺西）曰葉赫（在遼河東）曰馬爾墩曰古埒城曰鐵背山（在今興京境內）皆由長白山北部繞西南老嶺而行嗣後乃招撫長白山鴨綠江兩部統隸版圖亦未及經營統兵而西東山險阻荊棘荒蕪史乘撰記浩劫同灰豈因

封禁之令下而始茫無可稽哉或又曰遼金以前高麗人屢集雜居攷之朝鮮史當有足徵者然遼時早割鴨綠江

六鎮以予高麗右岸早已非韓地當爲記載所不及現所據爲典要者惟　開國方略　滿洲源流考　大清壹統志並顧祖禹方輿紀要齊召南水道提綱等書淵博宏深足資佐證乃歷加考核往往名稱歧異字義懸殊魯魚亥豕誤解滋紛蓋考古若斯之難也後世學者讀古人之書稍有錯訛輒加訾議余幼時亦蹈茲狂習此次承乏邊陲以居以遊將踰兩載而以所見所聞者質諸往籍並以往籍質諸見聞躬親目覩返覆研求猶未能愜心貴當爲以此類推登信幾時賢哲紀事纂言緝成卷軸皆半生精力所注而不敢稍存菲薄之心覆瓿之誚今昔所同管窺蠡

測何堪問世顧長白一郡喬嶽鍾靈儼異毫而偶岐豐倘任其湮沒沈晦寂寞無聞焉詎非守土者之咎耶夫異山松柏幽館柔桑一草一木尙且歌諸雅頌眷念遺徽況其遹駿而有聲者乎緜生禱昧不忘厥初公餘之暇即與編輯各員精心校勘其瑣繁者刪而不錄姑撮其要分門別類曰疆域曰山川曰風俗曰物產曰兵事曰文牘共區六門比類相屬末綴雜誌藉資博覽綜名曰徵存錄子思子之言曰無徵不信南華子有云六合之外存而不論是錄也言雖不文事皆徵實所紀各事皆在

國家聲教暨訖之邦與六合之外迥殊姑仍以存之者置諸

不論之列間或附以芻言猶冀後人之匡正其謬而彌縫其闕焉此則私衷所盼禱者爾是爲序

宣統元年歲在屠維作噩仲冬辜月籌備長白設治委員
安陽張鳳臺識於長郡之塔山精廬

東三省總督兼署奉天巡撫徐

奏為奉省東北邊境遼闊交涉日繁擬請添設府治以固邊防恭摺仰祈

聖鑒事竊奉省臨江縣上負長白山下界輯安北連吉林廣袤八九百里幅員遼闊治理難周故設治雖歷數年内力多未完實其毗連吉林各處向為盜匪出沒之區岡林亘延界址錯雜捕務尤易推諉且該縣與朝鮮祗隔鴨綠一水自日俄戰爭以後韓民僑居日衆時生事端木植江防動滋交涉近來隔岸韓境日人設防置屯日臻嚴密該縣轄境既遼權望亦輕内外交乘治理必愈形竭蹶亟應添設府治以資控馭伏查長白山為

聖武發祥之地尤應謀完全永固之基事機已屬後時籌辦豈容再緩自上年冬間迭經派員履勘擬劃臨江縣以東長生慶生二保之地及吉林長白山北麓龍岡之後添設府治名曰長白駐於十八九道溝間之塔甸現已派員前往調查開通道路建築房舍籌辦一切畧有端倪應請查照上年原奏及吉林新設密山

府奏案不備屬縣將來地闢民衆應否再行添設縣治俟查看情形隨時籌辦設治以後應如何勘定界址酌設佐官明定廉費建築衙署監獄添撥防兵續爲籌議再行奏咨立案至該府係邊疆重要情形與內地不同非諳練邊情勤奮耐苦之員斷難勝任如蒙

俞允擬請由臣先派設治委員前往籌辦如能勝任再行奏請補署以裨地方所有奉省東北邊境遼闊擬請添設府治緣由理合繕摺具陳伏乞

皇太后

皇上聖鑒訓示飭下會議政務處核議施行謹

奏

會議政務處議

奏爲遵

旨會議恭摺仰祈

聖鑒事八月二十日由軍機處鈔交東三省總督徐世昌奏奉省東北邊境遼闊擬

請添設府治以固邊防一摺奉

硃批會議政務處議奏欽此臣等覆核原奏所稱擬劃臨江縣以東長生慶生二保之地及吉林長白山北麓龍岡之後添設府治名曰長白駐於十八九道溝間之塔甸等因伏查舊志云長白山在開原城東北千餘里橫亘千里有水南流爲鴨綠江北流爲混同江元史所謂南界高麗西北與契丹接壤向爲邊防控扼之區又其地夙多金鑛而林木之饒久爲他族所覬覦曩時興京廳之設臨江縣審得地利之宜倘於該縣東界與吉林府西南界添設府治盛京通志所謂長白之北龍岡疊嶂茂樹深林百餘里土人呼爲訥秦窩集等處適當其衝

後裔生聚蕃衍韓僑匪徒出沒稽捕為難而險要之區守備空虛亦不足以固
疆圉今擬添設府治與臨江輯安兩縣聯絡聲勢呼應靈通邊徼寇盜既無疏
縱之虞防衛邊疆又絕窺伺之慮計無便於此者應請
飭下該督所有勘界築署建官駐兵之處速即籌議具奏將來地闢民聚應否增添
領縣均由該督酌量情形隨時奏咨立案至原奏先派設治委員前往辦理如
能勝任再行奏補等情亦與東省近例相符應如所請以重責成所有臣等會
議緣由理合恭摺具陳伏乞
皇太后
皇上聖鑒謹
奏
光緒三十四年九月十一日具　奏奉
旨依議欽此

欽差大臣東三省總督兼管東三省將軍事務錫
欽命副都統銜奉天巡撫程　札

爲札飭事案准

度支部咨開爲欽奉事制用司案呈內閣抄出東三省總督徐　奏新設長白府治用過開辦經費銀兩暨續修工程籌設縣治飭司擬定專欵等因一片宣統元年三月二十七日奉

硃批該部知道欽此欽遵到部原片內稱前因奉天臨江縣迤東邊境遼闊奏准添設府治業經遴派設治委員調奉同知李廷玉直隸州知州張鳳臺帶同通譯測繪暨其他辦事人員先後馳往籌辦隨後勘劃長臨府縣界址並奉吉兩省省界隨即招集工兵開山修路建治衙署市房營房學堂警局監獄以及關於鴨綠江航權應行備辦各事均已次第成立計用過經費銀十萬餘兩尚有續修工程並籌備奉吉邊境擬設縣治應需費用合之文武員弁薪水津貼餉乾

常年各款額支活支需數亦鉅查長白府治扼鴨綠江上游氣候多寒市面蕭
落一切物料轉運工本皆屬昂貴雖與他處設治者相提並論飭司撥定專款
作正開銷等語應令即將撥定銀數暨由何款動用之處先行報部立案仍飭
各該員認真撙節辦理事竣即行據實造報毋得遲延相應恭錄
硃批移咨東三省總督遵照可也等因准此除飭度支司遵照辦理外合亟札仰該
府隨時認真撙節開支呈候核奪辦理切切此札

襄辦人員銜名籍貫

安圖調查員留奉知縣 劉建封 諸城

撫松調查員調奉直隸試用府經歷 許中書 安陽

編輯員縣丞職銜附貢生 劉龍光 安陽

編輯員日本宏文學院畢業縣丞職銜附貢生 王大經 安陽

文案兼編輯員布政司理問銜優增貢生 徐家馨 銅山

測繪兼調查員北洋陸軍測繪畢業 陳德元 曹縣

測繪兼調查員北洋陸軍測繪畢業 康瑞霖 武强

測繪兼調查員北洋陸軍測繪畢業 王瑞祥 德州

測繪兼調查員北洋陸軍測繪畢業 劉殿玉 新野

襄校員五品頂戴山東儘先補用知縣 陳鑑 光山

襄校員北洋高等巡警學堂畢業附生 吳瑞芬 安陽

襄校員北洋高等巡警畢業廪貢生　饒亮采固始

襄校員北洋高等巡警畢業候選縣丞　陳鴻圖光山

襄　校　員　附　生　王毓秀吳橋

凡例

一是錄以保　皇基鞏　國界衛民生爲宗旨

一是錄重在以今証古徵諭何項事件而目前無從查考者雖往籍　聖諭猶存其名概不蒐集

一是錄專爲闡徵志幽以防沈晦或蔑戾如薩爾滸武功暨遼東各山川　御製詩章赫然耳目共知共聞者姑從割愛

一山川地名除舊有名稱照舊登錄外其餘或因地命名或因俗改名非好爲創實以邊荒僻陋無册籍可稽識者諒之

一按語非爭辯非矜奇總以疏解釋疑爲主關　國界邊防者尤詳

一凡非本郡故實而可爲各條援証者列附錄以濟眉目然必重要事體有關大局者方行甄採幸勿視若贅疣致失筌蹄

一體裁與志乘殊緣設治荒徼闕畧良多祗能擇要提綱以存模範其徵瑣繁雜

與政體無涉者弗載

長白徵存錄目錄

卷一

卷二上

長白徵存錄

長白徵存錄

內治

擬通籌長郡善後十策以固邊防稟

釐訂邊郡內治分別宏綱細目稟

江艚運移民眷免給船價稟

請擬試辦官銀號稟

擬辦龍華岡墾務稟

擬辦長郡森林以占利權稟

外交

與採木公司力辯採薪燒炭有違條約稟

禁阻日人招募韓僑爲兵稟附韓僑情願書

陳採木關係邊要懇請預防後患稟

禁阻韓民越江伐木稟

卷八

雜識

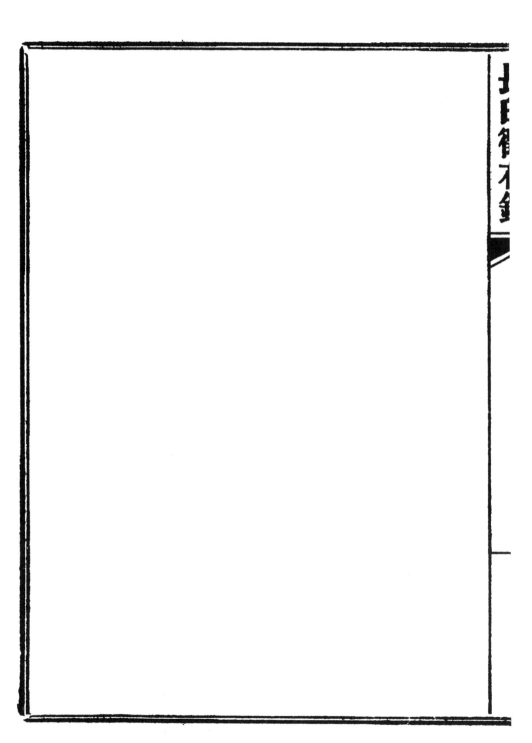

長白徵存錄卷一

疆域

總序

三代以上疆域不詳禹貢職方皆重在政教不在土地荒服遐陬羈縻而已至嬴雄傑出割裂中原統一之局變爲紛爭始趨重守土主義子輿氏之言曰諸侯之寶三土地人民政事旨哉言乎苟無土何有民苟無民何有政子輿氏正當紛爭世界因時立論力破從古帝王不勤遠畧不征土地之藩籬自此以後上者守土其次拓疆又其次爭城爭地以疆域之廣狹定國勢之盛衰抑亦天時人事積漸使然耳顧秦漢時代皆用兵於西南西北經營陸路者居多遼海以東蓋闕如也後漢書紀肅愼疆域在夫餘東北千餘里晉書始指明地域在不咸山北唐書渤海上京即肅愼故地在今寧古塔地方自肅愼氏以後歷經夫餘百濟新羅渤海之兵燹世系紛更陵谷變遷當年之疆域部落以及所領

之各府州縣按照歷代地理志詳細考查因革損益參伍錯綜類皆湮沒於荒榛銅駝之中而莫由確知爲某朝某代之疆域若何區分其所領之各府州縣又何地爲舊壤何地爲遷居者惟渤海大彝震開疆拓土創立五京十五府六十二州組織詳明旋爲契丹所逼而侵削之破壞之方輿之士僅得於遼史營衛部族志元明一統志綴拾其記載之餘以與今地之在鴨江以北白山以南者參互印證畧識其梗概蓋必疆域定而後區域之廣袤道路之遠近民人之多寡與一切應行之政治方可得而施也列疆域門

國朝本部疆域

粤稽神山孕秀靈諾衍朱

神聖天亶賜姓愛新覺羅三姓异歸奉爲國主貝勒遂肇基於鄂多理城元史作斡朵憐明人誤爲斡朵里又作斡朵倫今改正在渤海建州境內

國號滿洲惟

肇祖原皇帝大啓厥宇興師至赫圖阿拉(今興京府)遂建都焉
距鄂多理城一千五百餘里越我
景祖翼皇帝分築五城距赫圖阿拉遠近一二三十里環衛而居並稱寧古塔 貝勒(積在)今興京左右 示不忘
祖業之義亦越我
顯祖宣皇帝英勇絕倫收服五嶺東蘇克素護河西諸部(今興京境內有蘇子河即蘇克素護河舊稱) 至嘉靖三十
八年我
太祖高皇帝誕降不遲遂荒大東於萬歷十一年後克圖倫城(在今興京古樓地方) 取兆嘉城(即今興京上嘉河下嘉河地方土人訛為上夾河下夾河) 誘定渾河部完顏部棟鄂部哲陳部諸部長之亂乃遣兵招
撫長白山之鴨綠江路而盡收其衆是長白山鴨綠江之入我版圖實始於此
自入關後
定鼎燕京所有長白山鴨綠江南北數千里舉

旨封禁地廣人稀遂成甌脫陵谷變遷疆界亦多牽混咸同以前本郡遠隸　興京

光緒初年增設通化縣本郡屬焉二十九年設臨江縣本郡又屬臨江由臨至長江道五百餘里究仍轄長莫及往往爲韓民越墾滋生邊釁近復密邇強隣越畔堪虞三十三年東三省改設行省並擬增設府廳州縣以固邊陲前總督部堂徐 巡撫部院陳 札派李丞廷玉傳議員疆前往調查繪具東邊形勢重要全圖呈鑒批准此長白設治之所由來也當即委李丞廷玉攝篆臨江兼長白設治事宜旋復委鳳 濫竽斯差並督同劉令建封許府經中書與吉省委員劉壽彭勘分長白山嶺後省界以防外人交涉此奉吉分界之所由來也自光緒三十四年五月勘界起至宣統元年二月中旬而省界之案始定而長郡之疆界亦定

節錄奉吉兩省勘分邊界原案批牘

光緒三十四年十月

爲查覈勘界圖報摘舉綱要呈請鑒核事竊此次勘界宗旨一在劃吉省南岡

以防外交之轇轕一在察岡北設縣形勢以樹長郡之後盾現就劉令建封許府經中書圖報所列逐細研究並參以該員所見若以山爲界由牡丹嶺富爾嶺柳河嶺等處歷折頭道花園之分水嶺均應劃歸奉界則吉省南界似嫌單薄不如以水爲界由紅旗河尾閭經荒溝河夆白河口上下兩江口歷抵山岔子之正岔而止縱橫廣袤厥勢惟均再由紅旗河南越七星湖墾水渠葡萄河迤邐而西而南便抵長白府以東二十一二道溝地方自七星湖以下處處與韓國毗連此以水爲界省界國界皆有天然界綫之鑿鑿可憑也至劃界後增設縣治以備後勁則揆形度勢應仍以控馭三江爲扼要辦法長白府臨鴨綠江上游實爲三省鎖鑰則松圖兩江仍當嚴密防範藉資聲援距長白府東北四百餘里爲紅旗河流域控圖們江上游擬定爲建署地點名曰安圖縣以爲韓民東渡越墾之防距長白西北五百餘里爲龍岡後以西之雙甸子控松花江上游擬定爲建署地點名曰撫松縣藉作白山右屏安撫二縣御以二道白

河爲界亦天然界也就長白山論安撫如兩翼就長白府論安撫如脊膂襟帶江山形勝便利大有犄角之形實於邊務上關繫甚重不可不兼籌併設以維全局而控嚴疆惟辦法尚有不同撫松一縣民人較衆物產亦饒但咨由吉撫轉飭濛江州牧將該州歷年戶籍租稅一切案卷移交濟楚便可派委辦理收功尚易安圖地廣人稀較撫松稍難而地介韓境較撫松尤重其西南二百餘里有布爾湖里即三天女浴躬之池爲發祥聖蹟要區若高張旗鼓非特靡費抑涉鋪張惟查該處森林尚屬完全擬將設治主義潛附於採木官局之內先派員經理木植事宜俟基礎堅定有財有人即行建署設官則勢如破竹不勞而理此安撫設治分別辦理之情形也許劉兩委員此次履勘躬親目覩考查甚爲精詳故議論悉中肯要其報告書內所列中韓界辯白山碑辯間島辯諸篇尤爲精實足資考証茲特將圖說報告並李令廷玉由臨具稟各件彙呈憲鑒所有查核勘界圖報摘舉綱要以便分別施行緣由理合呈請

批示祇遵實爲公便須至呈者
宣統元年二月十六日奉
東三省總督兼奉天巡撫徐　札開前據勘界委員李丞廷玉查勘奉吉分界詳具圖說報告呈覆前來當經本大臣部院備文咨商吉林行省衙門茲准吉林行省衙門咨開查此案前據奉吉兩省勘界委員及濛江樺甸設治委員各稟稱分別攷核則有四說一擬自牡丹嶺富爾嶺順下兩江口經頭道花園以至分水嶺爲界此取山勢迤亘者也一擬自龍崗後松花江源分界江之南緊江漫江塌河石頭河及湯河口子以至湯河源爲界此取水流橫貫者也一擬自上兩江口順二道江由下兩江口南至頭道花園河口循白漿河斜向西南至分水嶺三岔子爲界此取折衷上二說而欲酌中辦理者也一擬自下兩江口南順頭道江溯至湯河口折西南循湯河抵三岔子爲界此又折衷上三說而再求變通適宜者也由第一說似爲專主開拓奉地誠如大咨所云吉省南界似

嫌單薄由第二說又似爲尊主擴張吉界而於長白治地則欠完全故大咨謂以山爲界不如以水爲界洵爲確論而以緊江漫江爲界又不如以二道江流域爲界亦已無可更議由是欲求縱橫廣袤厥勞維均不外取擇於後之二說但一循湯河一循白漿河二說孰爲利便亦自大有區別大咨僅云抵山岔子之正岔而止未曾指明沿何水劃分事關省界自應不厭更求其詳竊擬就處近日之切實考查及反覆參諸衆議如緊江漫江以北既劃歸奉省則湯河以北須仍歸吉林庶濛江始可設治若長白府北境既抵二道江而濛江南境僅限沿白漿河至分水嶺而止則州屬地面褊狹殊不足以資展布倘由西北再劃磐石縣地以附益濛江不特過於紛擾且磐屬官街已分隸樺甸實更無餘地可以擴充似宜斟酌損益於下兩江口以上即擬照新定由上兩江口循二道江爲長白北界則府治可立於下兩江口以下即仍照原案由湯河循實爲川至三岔子爲濛江南界則州治足敷准之以水爲界之宗旨既屬符合而於

自上下兩江口歷抵三岔子正岔而止之原意亦不相違是否允協相應繪具圖說咨覆貴大臣查核見覆施行等因准此查來咨所擬極爲允協應即照議劃定由紅旗河經荒溝掌白河上下兩江口沿湯河循寶馬川抵山岔子之正岔而止爲奉吉兩省分界之綫除咨覆吉林行省衙門外合行札飭札到該守即便遵照可也特札

案長白府疆界由紅旗河經荒溝掌白河上下兩江口沿湯河循寶馬川抵山岔子之正岔而止自此次議准後遂爲奉吉兩省分界之定案

歷代沿革

周秦以前統名肅愼

考東方國最古者曰肅愼竹書紀年有虞氏二十五年肅愼氏來朝貢弓矢史記虞帝紀稱息愼汲冢周書王會解又作稷愼曾貢楛矢於周息稷皆肅字轉音字異國同而疆域闊如查後漢書晉書載其國界南包長白山北抵弱水（即今

縣屬江東極大海按由長白山東北圖們江逕入海口一千餘里故云東臨大海則今之圖們江兩岸皆在其區域之內廣袤數千里晉書又云肅慎在不咸山即今長白山之北東濱大海西接冠漫國北極弱水據漢晉兩書肅慎幅員最廣凡長白山南北數千百里皆其轄境則府治在周秦以前固爲肅慎故墟

前漢爲樂浪郡

冊府元龜漢武帝元封三年滅朝鮮分置樂浪元菟臨屯眞番四郡即在今奉省南蓋平海城復州等處至昭帝始元五年詔罷臨屯眞番以併樂浪元菟元菟復徙居勾驪自單單大嶺以東單單嶺跨琿延吉相近即長白山悉屬樂浪故樂浪地勢最爲廣袤旋復分嶺東七縣置樂浪東部都尉以其時其地考之自今之海蓋以東至長白山一帶地方均屬樂浪郡盛京通志漢時樂浪在奉天省城東北二千餘里府治距奉天不過一千五百餘里其爲漢時樂浪郡無疑

後漢仍樂浪郡

夫餘國始於後漢一名扶餘始祖東明爲北方橐離國王侍婢所生南渡掩㴲

水（今高麗國有蓋斯水即此）王夫餘本濊地用濊王之印藏愼至此徵矣建武二十五年夫餘王遣使入貢光武厚報之是爲夫餘國通漢之始通考漢安帝永初五年夫餘王將步騎七八千人入樂浪永康元年夫台將萬人侵元菟是後漢時樂浪元菟兩郡名猶未改府治應仍隸樂浪

魏晋時屬沃沮西部

魏晋時並國於東北方者夫餘挹婁其部落繁盛者爲沃沮沃沮有三曰東沃沮南沃沮北沃沮東沃沮按後漢書在蓋馬大山之東（此山在今韓國咸鏡南道界內）南沃沮按魏志幽州刺史毋邱儉討高勾麗勾麗王宮奔沃沮（此沃沮即南沃沮在沸流水之東北）遂進師擊沃沮邑落皆破之宮又奔北沃沮（此沃沮在今吉林琿春之南）距南沃沮八百餘里史傳所稱三沃沮均係長白府東北疆界似與本郡無涉顧自漢時改併樂浪以後三沃沮通屬樂浪樂浪全境增廓至單單大嶺東南一帶皆其區域此外别無部落可考是魏晋三沃沮皆兩漢樂浪郡舊壤則郡治在魏晋時其爲沃沮西部無疑

附唐屬渤海國鴨淥府神州東界率賓府益州西南界安圖撫松兩縣附

考新唐書渤海本粟末靺鞨姓大氏高麗滅率衆保挹婁之東牟山武后時有乞乞仲象者與乞四比羽為契丹所逼東渡遼水保太白山之東北阻奧婁河即今長白山北哈達河　樹壘自固傳子祚榮自號震國王吞併地方五千里奄有夫餘沃沮弁韓朝鮮海北諸國中宗朝賜封渤海郡王都忽汗州在今寧古塔呼爾哈河之東　盡去粟末靺鞨國號是為渤海王建國之始延及大彝震鴻才遠畧建五京十五府六十二州雄表東海囊括長白山縱橫五千餘里按當時所建鴨淥府領神桓豐正四州統隸西京距唐賈耽道里記自鴨淥江口舟行百餘里又小航泝流三十里至泊汋即元時婆娑府去鴨綠江入海處一百三十餘里　即得渤海之境又泝流五百里至丸都城丸都即桓州按高麗王舊都　又東北泝流二百里至神州以里數計由鴨淥江口至此共九百餘里以今地理考之長郡距鴨綠江口不過一千里有奇西可接神州東界率賓府益州在長白山西南即與本郡接壤其為益州西南界無疑擬設之安圖撫松兩縣按

渤海長嶺府領瑕河二州證以現在地名吉林西南五百餘里有長嶺子滿洲語稱果勒敏珠敦嶺（珠敦山泉渾江之源）迤東直抵長白山龍岡綿長一千餘里府以長嶺名應指此嶺而言州以瑕河名應指水名而言此嶺東西南北來水匯流有北入松花江者有南入鴨綠江者近則湯河渾河遠則蘇爾蘇等河雖不敢確指爲瑕河州域究亦不甚懸絶去年撫松劃界與長嶺最近其爲長嶺府區域毫無疑義鄚銅涑三州唐書稱爲獨奏州按涑州因涑末水得名（松花江即名涑末水）去年劃安圖界係由紅旗河下流上至娘娘庫河入松花江者皆涑末水上源以地理考之安圖即涑州境渤海疆域名稱旋爲契丹所毁惟遼史畧存梗槪統計長白府與安撫兩縣區域跨有神州瑕州河州涑州四州之地

遼爲率賓府益州區域

考續通典遼太祖親征渤海大諲譔拔夫餘府破忽汗城改渤海爲東丹國渤海亡遂建上京於長春州舊名鴨子河（即松花江）凡松花江以南鴨綠江以北舊古

塔以東皆其區域東南府治惟率賓府最大盡括有渤海時鴨綠府區域所有舊年鴨綠府名雖是而地非其舊以今地理考之在我
朝發祥之鄂多理城之南鄂多理城即今延吉廳之敦化縣敦化縣與去年擬設安圖縣東北界毗連查率賓府疆域西北至上京（即長春州）一千五百七十里以道理計之當在長白山東北所領華益建三州華州區域不詳考鴨綠江一名益州江益州當與鴨綠江相近方位在長白山西南府治南控鴨綠江北枕長白山東西南北均有五百餘里確係益州屬地所有渤海時神州區域已多改革即建州之名遼金以後雖歷代相沿而地勢互有遷移均非渤海建州之故壤也與本郡無涉據其疆域遠大而論則安圖撫松皆屬率賓府

按渤海五京十五府六十二州幅員廣大規畫周詳旋爲契丹所毀遼史謹存其名而或併或移漸失舊制有名存而地沒地存而名革者沿革紛更難歸劃一謹按現在山川地形里數證諸史乘畧具大凡以資考覈迄金元後

而渤海舊制蕩然矣

金爲上京會寧府南界而分隷率賓海蘭兩路

自宋南渡金太祖遂崛起於白山黑水之間國號金建上京於會寧（地在今寧古塔西混同江東吉林城東北二百餘里）會寧府界據元一統志去長白山六十里金史稱會寧府東南至率賓路一千六百餘里南至海蘭路一千八百餘里會寧爲上京奉天府廣輪千里包有長白山靑嶺瑪奇嶺巴延淀（淀即甸）綠野淀河勒勒楚哈河混同江等地在內以今地理考之擬設安圖縣治紅旗河娘娘庫河五道白河地方皆會寧舊壤率賓路一名恤品路爲渤海率賓府故地在會寧府之南金時改併遼時州縣最多率賓府舊領華益建三州已統括於率賓一路而盡去其名長郡東北即直接率賓路西南境海蘭路又在率賓路東南今長白山東北有海蘭河（在延吉廳境內）距圖們江較近

皇輿全圖海蘭路與高麗相近者有安巴海蘭必喇阿濟格海蘭必喇在寧古塔南

四百一十里以里數遠近考之即指此海蘭河而言是海蘭河一帶實金之海蘭路其疆域延袤至率賓路之西南金史所稱合懶（與海蘭同音）路亦即海蘭路考諸金史叅以去年勘界員報告長白山以北屬會寧者居多長白東南西南則屬率賓海蘭兩路是本郡爲會寧府南界而東北與西南分隸於率賓海蘭路可知已

按金太祖志在中原准高麗王之請以抱州與之而以鴨綠江爲國界凡金之全境與高麗相接之地均以鴨綠江爲界金史朝鮮史備載之是鴨綠江爲中高國界自金太祖始

元爲開元路

元太祖奇渥溫鐵木起幹難河滅遼滅金建都和林格倫立開元（在金上京界內）南京二萬戶府世宗忽必烈至元元年滅宋都燕京以京畿爲中書省以滿洲爲遼東行中書省分路七曰遼陽路廣寧路大寧路瀋陽路開元路海蘭碩達勒達路

原遼陽等路開元路隸咸也舊作水達達今改正　元一統志開元路南鎮長白之山北侵鯨州之海三京故國五國舊城爲東北一大都會又按明志鄂多理城在開元東北千二百里鄂多理城即今敦化縣敦化縣西南界距長白府不過九百里上下據此則本郡屬開元路証之以里數考之以方向似無疑義元史中統三年又割遼河以東隸開元路是開元路之四圍廣袤實爲七路之冠今開元縣在奉天省北後人謂原即元字誤以爲開元故地豈知明初改開元爲衛所地已縮小況今之開原僅區區一縣耶其非元代之開元章章明矣至海蘭路在今吉林甯古塔境較金時海蘭府亦縮小與本郡無涉

明初屬建州率賓海蘭諸衛後分隸於長白山訥殷部鴨綠江部

明初都金陵而遼瀋一帶疆域率多闕略永樂間增設衛所三百七十有六雖亦有建州衛率賓衛海蘭衛等名而衛所轄境最隘究難指本郡所屬之定名惟天聰年間遼東諸部落有蘇克素護河部渾河部完顏部棟鄂部哲陳部長

白山之訥殷部鴨綠江部等名以其名其地爲之長郡在前明時隸於訥殷

鴨綠江兩部

附錄建州沿革考

考新唐書渤海傳率賓府領華益建三州建州之名始此在今吉林烏拉境內屬渤海率賓府遼世宗遷率賓府人戶置所屬有率賓縣其志云本渤海率賓府地屬顯州是遼時率賓府已非渤海率賓府故地遼史營衛志孝文皇大弟敦睦宮又以渤海建海巖三州戶置屬州三曰建曰海曰巖是爲建州分置之始世宗朝石晉太后求於漢城側耕墾自贍許於建州四十里給地五十頃州在靈河之南是爲建州移置河南之始（在今錦州）聖宗時靈遭水患又遷居河北唐崇州故地初屬武寧軍隸永興宮後隸敦睦宮是爲建州移置靈河以北之始（在今蒙古土默特右翼）金置建州保靖軍刺史元初建州屬北京路至元七年改北京爲大寧建州屬焉金元建州地與遼同與渤海異元一統志海蘭河經故建州東南

一千里入於海混同江北流經故建州五十里會諸水東北流經故上京下達五國頭城此建州乃渤海建州故地因名之故建州與遼時移置之建州在靈河南北者不同明初分建州爲三曰建州曰海西曰野人而建州居中雄長地最扼要永樂元年又置建州衛正統年間又剖置建州爲左右衛是爲建州置衛之始我

肇祖原皇帝遷都赫圖阿拉正當明建州右衛之地邦畿

命新

大啓厥宇自此以後收服棟鄂哲陳輝發葉赫長白山之訥殷部鴨綠部皆入版圖是建州爲我

朝造攻之始基明臣黃道周博物典彙載有建州考一篇考據最爲詳賅查東方立國肅愼新羅百濟以後泱泱大風表東海者厥惟渤海氏官度詳明組織嚴密創立五京十五府六十二州襟帶山河超絕古今其所領各府州縣星羅棋

布於白山黑水之間莫可殫述惟建州爲幽岐舊壤自遼金以來名地互異竊
恐
神州聖域致蹈混珠之譏特書之以資考證

區域圖說

鴨綠江沿岸溝道大小二十餘處府治未設以前韓民僑寓其間窮山邃谷積祭難周往往擅易地名有大東社間島社十二道溝等名目現當整正邊疆時代自應逐漸改正以防牽混因將府西沿江溝名自八道溝交界起至署西塔山止上一字按天干排列下一字以華農望春兩恭順裕皇恩十字排列自十九道溝起至二十三道溝止上一字以溫良恭儉讓五字排列下一字以厚善順德美五字排列兩堡共分十五社凡在溝內居住者無論華民韓僑統以十五社之名轄之不准另立名目自爲風氣以昭畫一之規茲將區域新名繪圖如左

長白徵存錄

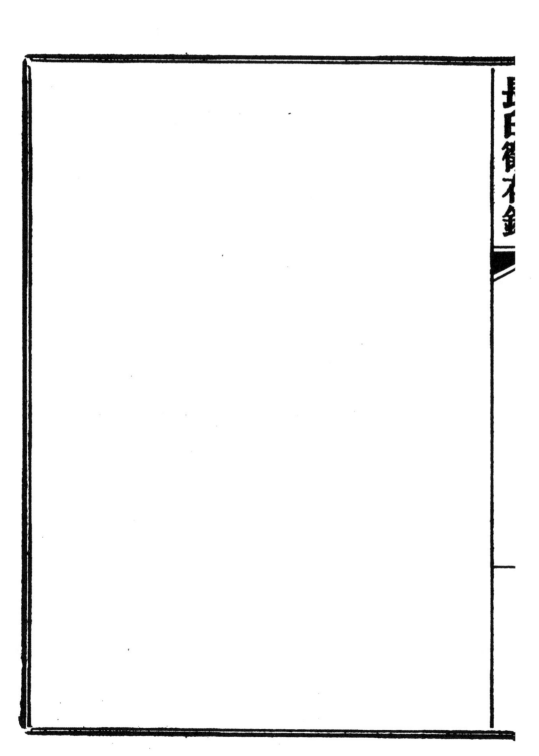

建置

衙署

上房五間檐下帶遊廊石基板牆鉛瓦頂仰棚鋪地睡牀皆木東西廂房各三間石基石灰頂仰棚鋪地睡牀如前二堂五間如上房式二堂外廂房各三間如後院廂房式圍牆皆木宅門外科房十間石基磚牆瓦頂共三十二間

監獄

在署西偏南石基磚牆瓦頂前一層典獄官辦公室三間檐下帶遊廊中層習藝所五間前牆以木爲標如籠式中間有隔壁一道後一層分左右牢房共十間每一間内以木爲籠籠外有更道共房十八間

學堂

在署東偏南上房五間檐下帶遊廊石基磚牆瓦頂西爲講堂東爲教習臥室東廂三間爲學生宿室西廂三間爲宣講所前有木柵大門共房十一間

巡警教練所

在署西偏南上房五間檐下帶遊廊石基磚牆瓦頂中三間爲講堂兩邊各一間一爲教習休息室一爲庶務辦公室東西廂房各三間爲學生宿室前有木柵大門共房十一間

衙署街市圖說

光緒三十四年五月間率同僚屬到長勘驗署基前後左右窩棚七家荊榛彌望居不容膝迺召工人趕修衙署三十餘間劃井字街編列區號招商營業越年又添修學警監獄三十餘間長慶兩堡合修董事會房一所通臨一帶商民聞風而來增置大小市房共一百餘間期年之內闤闠漸繁庶茲特繪圖如左

道路

序

環郡皆山也四圍如扃形如甕人跡罕通祇有鴨綠江沿岸一小徑上懸危壁下臨絕澗至石砬危險處尚須乘木槽渡江左假道於韓夏秋之交驚濤駭浪淹斃之案時有所聞東道不通職爲心疚設治之初以臨江縣西林子頭山道百餘里爲長郡第一梗塞首先開鑿改名蕩平嶺旋由臨江東北岡開修至長白梨溝嶺四百餘里名曰龍華岡以避江道之險將來一律開通車馬無阻與林子頭所修之道接軌而西由通化而興京而奉天是爲長郡通省之官道惟東北擬設之安圖縣治距長郡五百餘里西北擬設之撫松縣治距長郡四百餘里岡陵隔絕鳥道崎嶇疊次派員履勘勘定路綫可修可通周禮司險掌九州之圖以周知山林川澤之阻而達其道路道路之有關於行政也自古爲然況邊陲之險耶茲將由長抵臨之江道兆新修之龍岡道以及擬修安撫兩縣

之路綫遠近里數列左

龍華岡赴省道里記

自郡署迤西三里許梨樹溝口入岡行三十五里至梨溝鎮（即梨樹溝掌）四十里至平遠亭（即十六道溝掌地勢平敞故名）三十里至望章台（即十五道溝西坡口與章茂草頂相望故名）三十里至響水泉（此處泉流有聲可濯可飲故名）四十里至抱螺崇（即七道溝南岔岡巒四環故名）三十五里至嘉魚河（此處河流清澈魚頗肥美味甚腴故名）以下入臨江縣界行四十里至史家蹚子（前有史姓在此打獵故名今仍其舊）三十五里至樂利園（此處土性極肥故名）三十里至岡家鋪（昔有岡姓在此開舖故名今仍其舊）四十五里至新化街（舊名高麗溝茲改今名）二十里至臨江縣（計自長岡至此約四百里有奇）

華岡新道　由臨江西行二十五里至三道陽岔三十里至徐家窩鋪十餘里至蕩平嶺頂（舊名老爺嶺去年劃修後始易今名）又西八里至嶺下八里坡二十餘里至大石棚十五里至蕩家窩鋪（即林子頭長白路工止此）又西經石人溝紅土崖約四十餘里至八道江（宣統元年劃歸臨江）以下入通化縣界西行十餘里至七道江二十里至六道江十里至五道江二十五里至熱水河子十五里至四道江二十五里至通化縣城四十五里至快當帽子

五十五里至英額布四十里至三棵榆樹六十里至蜂蜜溝三十里至興京（俗名新賓堡）四十里至陡街四十五里至木奇七十里至營盤六十里至撫順四十里至舊站四十里至省城（計自臨江至省八百餘里由長至省約一千二百餘里）

由長至臨沿江道里記

自長郡西行四十五里至半截溝（現名金華鎮）五十里至冷溝子（現名東和鎮）由此渡江經韓界梭羅城新牌城中渡黑河行八十里復過江右行十餘里至十二道溝（現名丁家社）再過江行七十里至華界蛤蟆川又過江右西行三十餘里入臨江縣界又二十餘里至七道溝七十里至樺皮甸六十五里至四道溝四十里至臨江縣（計共五百里之譜）

由長至安圖之路棧記

自府署北行二十餘里至二十一道溝口若由此處渡江經韓界行百餘里復過華界繞七星湖斷折而北行是爲現行捷徑今所勘路棧擬由二十一道溝

口入岡地勢較平行十餘里經日本營林廠前修之舊道藉此修築頗爲省便西行二十餘里至岡頂左爲二十二道溝右爲十九道溝林木陰翳寂無居人由岡頂北行七十餘里經章茂草頂紅頭山之間盤繞岡陂向東北五十里至湯泉三十里至暖江源二十五里經小白山後二十里至沙河復經塗山後行二十餘里至新民屯又經孝子山後行四十餘里至黃松甸子四十里至訥殷部六十里至乳頭山下二十五里至腰窩鋪四十餘里至漏河沿二十餘里至清茶館三十五里至小沙河再十五里至擬設之安圖縣署（計共五百餘里）

由長至撫松之路綫記

由長至撫約四百餘里亦由梨樹溝啓程行一百餘里至十五道溝往西北行三十餘里至嶺頂六十餘里至竹木里三十五里至漫江營五十里至小谷山四十里至石頭河三十五里至海青嶺十餘里至大營八里至湯河口三十五里至大甸子（即擬設縣治處）名曰撫松

附錄由奉至興京沿途古蹟記

自奉省東行二十里至天柱山

福陵前抱渾河背負輝山興隆嶺松柏森嚴殿陛輝煌陵有太祖高皇帝功德碑紀七恨誓師盛烈在焉又六十里至撫順關明經略楊鎬分兵四路趨興京左翼杜松趙夢麟等由渾河出撫順即此四十里爲薩爾滸考薩爾滸東二里依郎薩爾滸山明將杜松等軍此與界藩城吉林崖相犄角太祖一舉殲焉薩爾滸之名昉此十五里至古樓即古埒城開國方略尼堪外蘭與明寧遠伯李成梁合兵攻古埒城殺阿亥章京於此十里至下嘉河十五里至上嘉河發祥世紀名嘉哈河即渾河夾山而流土稱夾河二十五里至馬爾墩亂石盤錯極險明萬曆十一年太祖率兵一旅克馬爾墩即此十五里至木奇監初有木奇和穆者部落在渾江左右即此地四十里至陵街

永陵爲發祥興京顯四祖陵寢陵前有古槐一株蒼老異常在焉四十里至興京舊名新賓堡開國方略號赫圖阿拉本朝發祥於長白山之鄂多理城都興京自太祖始

鴨綠江石硝圖説

光緒三十四年

陸軍部籌備東邊防務擬有鴨綠江設水巡通航路修硝石三條曾經逐條聲覆在案竊謂試行汽船必須先修硝石硝石不除非特汽船難通即鴨嘴舢板船亦難暢行無阻茲將沿江石硝地名繪圖如左

長白徵存錄卷二上

山川

總序

禹敷土奠高山大川所以肇九州而宅民居也職方氏掌天下之地圖辨其邦國都鄙四夷八蠻七閩九貉五戎六狄之人民而必考某州某山鎮某澤藪將以區民貨而濬利源也山川流峙與扶輿磅礴之氣相融相結古帝王代天子民隆山川之祀即以答天地之庥豈徒恃為重鎮乎哉自戰爭之局開方輿之之士談兵之家遂列山川一門於險要恃險者曰表裏河山盟誓者曰礪山帶河憂時者曰一寸江山一寸金山川之為義大矣哉東三省自興安嶺定約以後與京鎖鑰遂潛屏藩惟長白山與鴨綠圖們松花三江是賴就三江而論松花為我

朝完全無缺之江鴨綠圖們則與敵人共之矣共之而敵心未厭也則爭爭之無

理則狡狡之詞窮則横横則無公理無公法一以武斷爲主而山河幾不足恃矣究之山川之界天之所以限戎馬而保人民也各國分界公例山川爲天然界次則刊石樹碑爲人力界再次則經緯界至於立木穿溝則列强侵掠之詭謀非萬國分界之公例也自咸同以後東省界案紛歧幾令有主之山河顛倒於强敵之手登白山而左右顧千峰羅列萬水朝宗

列祖

列聖之靈心目間如或見之矣列山川門

康熙五十年

聖祖仁皇帝諭大學士等曰天上度數俱與地之寬大脗合以周時之尺算之天上一度即有地下二百五十里以今時之尺算之天上一度卽有地下二百里自古以來繪輿圖者俱不依照天上之度數以推算地理之遠近故差誤者多朕前特差能算善畫之人將東北一帶山川地理俱照天上度數推算詳加繪圖視之混同江自長白山後流出由船廠打牲烏拉向東北流會於黑龍江入海此皆係中國地方鴨綠江自長白山東南流出向西南而往由鳳凰城朝鮮國義州兩間流入於海鴨綠江之西北係中國地方江之東南係朝鮮地方以江爲界土門江自長白山東邊流出向東南流入於海土門江西南係朝鮮地方江之東北係中國地方亦以江爲界此處俱已明白但鴨綠江土門江二江之間地方知之不明前遣部員二人往鳳凰城會審朝鮮人李玩枝事又派出打牲烏喇總管穆克登同往伊等請訓旨時朕曾密諭云爾等此去並可查看地方

同朝鮮沿江而上如中國所屬地方可行即同朝鮮官在中國所屬地方行或中國所屬地方有阻隔不通處所等俱在朝鮮地方行乘此便至極盡處詳加閱視務將邊界查明來奏想伊等已由彼起程前往矣此間地方情形庶得明白

謹按鴨綠圖們爲中韓兩國分界自遼元後迄無異議祇此兩江之間界址未定

仁廟睿慮周詳疊派臣僚履勘注重在兩江之間奈歷查界案自康熙以至光緒年間兩國勘界員往復辯論圖們江居多置鴨綠江於九霄殊不可解豈其謂圖們江源流既定鴨綠江即可類推耶在

聖祖仁皇帝明明以兩江之間地方爲慮而斤斤焉僅以圖們置辯就令圖們界定而圖們江之右即鴨綠江之左乃所謂兩江之間地方也其將誰屬耶穆總管咨韓使楳權等文內有在兩江發源分水嶺之中立碑一語玩一中字適與兩江之間地方知之不明之

諭旨相符惜十字碑年久被毀而現時穆碑又非舊址以致後世議界者爲圖們

辯不暇爲鴨綠辯將兩江之間四字置之高閣異哉

長白山

康熙十六年覺羅武木訥等題

奏爲遵

旨看驗長白山事康熙十六年四月十五日臣武木訥一等侍衛衆

御前侍衛臣費耀色等奉

上諭長白山係

本朝

祖宗發祥地今乃無確知之人爾等四人前赴鎮守烏拉地方將軍處選取識路之人

往看明白以便酌量行禮臣等欽遵於五月初五日起行本月十四日至

盛京二十三日至烏拉地方轉宣

上諭於將軍等隨查烏拉寧古塔及烏拉獵戶所居村庄等處俱無確知長白山之人僉云曾遠望見惟都統尼雅漢之宗族達穆布魯原係採獵之人稱原在額赫訥陰地方居住雖不曾躋長白山嶺曾聞我父云如往獵於長白山脚獲鹿肩負以歸途中三宿第四日可至家以此度之長白山離額赫訥陰地方不甚迤遠等語因訪問赴額赫訥陰水路幾日陸路幾日可至亦有知額赫訥陰陸路之人否據管獵戶噶喇達額赫等口稱如乘馬由陸路行十日可至如乘小舟二十日可至倘遇强阻難計日期有獵戶噶喇者能知陸路等語臣等隨議每人攜三月糧而往又思或三月糧盡或馬力疲乏亦不可定隨語鎮守寧古塔將軍巴海可載一船米於額赫訥陰地方預備巴海云大船不能過松花江大險處當載米十七小船以往又與噶喇達額赫約我輩乘此馬肥壯速由陸路往看過長白山回時再由水路逆流而上前赴額赫訥陰地方約定臣等帶固山達薩布素於六月初二日起行經過溫德亨河呵虎山庫納訥林雅爾薩

河渾陀河法布爾堪河納丹鄂佛羅地方輝發江拉法河穆敦林巴克塔河納爾琿河敦敦山阜龍窩河等處及至訥陰地方江干不意噶喇大額赫乘小舟而行半月程途七日齊至因語固山達薩布素我輩乘小舟由江中逆流前赴額赫訥陰地方汝帶官兵馬匹由幹務河逆流而上由佛多和河順流而下至額赫訥陰相會約定遣發去後臣等於十一日至額赫訥陰達薩布素等初十日已至因前去無路一望林木與達薩布素商議令開散章京尼喀達與識路徑之噶喇帶領每旗甲士二名前行伐木開路并識如望見長白山可將行幾日方望見有幾許路程相度明確來報隨於十二日發遣前行去後本日據固山達薩布素差人前來報稱我等別後行三十里至一山頂望見長白山不甚遙遠似止有一百七八十里等語又續遣艾哈來報稱先差人來後又至一高山頂上望見長白山甚明約有百餘里見有片片白光等語臣等趁未有雨水之時急往看視因留噶喇達額赫督捕珠蚌於十三日起行十四日與固山達

薩布素等會於樹林中措摩開路前進十六日黎明聞鶴鳴六七聲十七日雲霧迷漫不見山在何處因向鶴鳴處尋路而行適遇鹿蹊由此前進直至長白山角下見一處周圍林密中央地平而圓有草無木前面有水其林離駐札處半里方盡自林盡處有白樺木宛如栽植香木叢生黃花燦爛臣等隨移於彼處駐札步出林外遠望雲霧迷山毫無所見臣等近前跪誦

綸音禮拜甫畢雲霧散開長白山歷歷分明臣等不勝駭異又正值一路可以躋攀中間有平坦勝地如築成臺基遥望山形長闊近觀地勢頗圓所見片片白光皆冰雪也山高約有百里山頂有池五峰圍繞臨水而立碧水澄清波紋蕩漾池畔無草木臣等所立山峯去池水約有五十餘丈周圍寬闊約有三四十里池北岸有立熊望之甚小其繞池諸峯勢若傾頹頗駭瞻視正南一峰較諸峯稍低宛然如門池水不流山間處處有水由左流者則爲松阿哩烏拉右流者則爲大訥陰河小訥陰河繞山皆平林遠望諸山皆低相視畢禮拜下山之際

岸頭有鹿一羣他鹿皆奔獨有七鹿如人推狀自山岸陸續滾到山下閒散章
京等駐立之處臣等不勝駭異因思正在乏食此殆山靈賜與者隨望山叩謝
臣等上山之時原有七人也自得鹿之處退至二三步回首瞻望又忽然雲霧
迷山臣等因淸淨勝地不宜久留於十八日言旋回望雲霧朦朧不得復見山
光矣二十一日回至二訥陰河合流之處二十五日回至恰庫河此河乃訥陰
東流會合之所二十八日正行之際適遇頒到
勅旨當經叩頭謝
恩訖二十九日自恰庫河乘小舟而歸經過色克騰險處圖伯赫險處噶爾漢險處
噶達琿險處薩滿險處薩克錫險處法克錫險處松阿哩大險處多琿險處乘
一葉小舟歷此大江九險得以無恙而渡者皆仰賴
皇上洪福之所致也七月初一日回至烏拉地方本月十二日至寧古塔循看會甯
府等處地方畢七月十七日自甯古塔起行八月二十一日抵京師謹具疏以

聞本年奉

旨長白山爲發祥之地奇蹟甚多山靈宜加封號下內閣禮部議封爲

長白山之神歲時享祭如五嶽

按武木訥於康熙十六年六月初六日由烏拉地方（現吉林省烏拉即晉江也吉林烏拉即沿江之義也今省文作吉林）陸行循溫得亨河（在吉林西五里許一作文德赫恩河源出庫勒納窩集）阿虎山（疑即得勝河經流之城距吉省七八十里）庫勒訥林（即庫勒窩集）雅爾薩河（即奇爾薩河滿洲語奇爾薩狐狸也源出庫勒訥窩集）渾陀河（疑即坦頭河源出庫勒訥窩集）法布爾堪河（源出庫勒訥窩集）納丹鄂佛羅地方（鄂佛羅譯言山嘴也）輝發江（源出納嚕窩集）拉法河（即今拉法河）穆敦林（即穆舍河左右）納爾渾河（即那爾渾河）敦敦山（即今之老嶺）卓龍窩河（按老嶺以南所稱叠嶺皆卓龍恐亦老嶺之訛）以上等處係陸路所經之地其由水路行者乘小舟順松花江逆流而上共七日同至訥殷地方（即頭道江與二道江合流處地名下兩江口）十三日起行十七日至長白山角（在今佛子山東邊）攀躋而上十八日下山二十一日回至二訥殷河合流之處（按此合流處即現在緊江與漫江合流之漫江營地方試水勢大小而論緊江即小訥殷漫江即大訥殷也）二十五日回至恰庫河（此河乃訥陰東流會合之所甚合流處曰東流會合則恰庫河當即指今之娘娘庫河而言娘娘庫由東而西大小訥殷由南而北與東來恰庫河合流筆方向稍有不符倘無大誤惟去年勘界員劉令建封所親履勘知之最悉爾如按武公稱左流者爲松阿里烏拉

在流者爲小訥陰河大訥陰河而論則大小訥陰當指二道白河三道白河而言方與左右方向相符然孜武木訥水陸入山之路係皆由長白山西北松花江行走至下兩江口歷經緊江漫江而至白山遂非由長白山東北陸行走則大小訥陰河似又非指二三道白河而言而按武公所稱左右方向又與緊江漫江之方向不符抑武公當 時於 探山寀蔚之中稍有誤會亦未可知故誌之

歷代沿革

虞夏時爲不咸山

山海經大荒之中有山名不咸在肅慎氏之國

漢爲單單大嶺

後漢書東夷列傳武帝元封三年滅朝鮮分置樂浪臨屯元菟眞番四郡至昭帝元始五年罷臨屯眞番以併樂浪元菟元菟復徙居句驪自單單大嶺以東沃沮濊貊悉屬樂浪魏志通考同

元魏爲徒太山

魏書勿吉列傳勿吉國南有徒太山魏言太皇有虎豹羆狼不害人人不得山上溲汙行經山者皆以物盛云

南北朝爲從太山

北史勿吉列傳勿吉國南有從太山華言太皇俗甚敬畏之從字疑係徙字之訛

唐爲太白山

唐書黑水靺鞨列傳粟末部南抵太白山亦曰徒太山又粟末水源於太白山

金爲長白山

金史世紀生女眞地有長白山昭祀耀武至此祭祀志大定十二年封長白神爲興國靈應王建廟宇十五年三月奏定封册遣使致祭如嶽鎭禮

附錄册文其文曰自兩儀分判山嶽神秀各鍾於其分野國將興者天實作之對越神休必以祀事故肇基王迹有若岐陽望秩山川於稽虞典厥惟長白載我金德仰止其高實惟我舊邦之鎭混同流光源所從出秩秩幽幽有相之道列聖蕃衍熾昌迄於太祖神武徵應無敵於天下爰作神主肆予冲人紹休聖緒四海之内名山大川靡不咸秩矧王業所因瞻彼旱麓可儉其

禮服章爵號非位於王公之上不足稱焉今遣某官某持節備物冊命兹山之神爲興國靈應王仍敕有司歲時奉祀於戲廟食之享亘萬億年維金之禎與山無極豈不偉歟自是每歲降香命有司春秋二仲擇日致祭明昌四年十月復冊爲開天宏聖帝元明因之

主幹

山上經年積雪草木不生望之皆白故名長白山爲奉天東部吉林南部第一祖峯其東南麓有樹頭突起韓人又名小白山實則相連並非另有一幹

地位

山在北緯四十二度東經一百二十七度

里數

八旗通志長白山高二百餘里朝鮮圖志山高一百二十里白山黑水錄長白山三峯聳立自一萬尺至一萬一千尺論說不一大約就海面而論拔地總在

二百里上下若由麓至巔高不過三十六七里面積約三千六百餘方里

天池

山上有潭曰闥門時常雲霧溟濛水鳴如鼓故名龍潭一曰天池天池其通稱也勢扼東北西南係橢圓形斜長二十九里分三段計寬北段寬二十里中段寬十里南段寬十二里周圍七十餘里冬不冰夏無萍水面有浮石形如肺名海浮石土人謂池與海通七日一潮因又名海眼深不可測

大峯六

白雲峯　冠冕峯　三奇峯　白頭峯　天豁峯　芝盤峯

小峯十

玉柱峰　梯雲峯　臥虎峰　孤隼峯　紫霞峯　華蓋峯

鐵壁峯　龍門峯　觀日峯　錦屏峯

十四景

伏龍岡　雞冠岩　滾石坡　懸雩崖　金線泉　玉漿泉
釣鰲台　放鶴台　花甸　松甸　麟跡　鳳蹤
碧螺山　仙人島

木朗峯

在長白山南三十餘里樹木最多大鵬棲巢其上一名鵬窩山

塗山

山在木朗峯東南五里許

龜山

山在長白山南二十餘里

臙脂山

山距長白山三十餘里秀麗異常土人稱爲臙脂山

三江源流

長白徵存錄

序

歷攷遼金元三史明一統志顧祖禹方輿紀要暨我 大清一統志 發祥世紀 開國方畧以及齊召南水道提綱李紳書 皇朝輿地全圖並 盛京通志吉林外記等書僉稱鴨綠江發源於長白山西圖們江發源於山東松花江發源於山北歷代相沿究其實在方向尚多舛悞鑿焬之見直謂三江源皆發於長白山天池語尤籠侗茲於設治餘暇據生平所見所聞與該勘界員等面稽口授互相印証其源委方向似覺稍有依據不敢謂補古人之闕抑可就正於後人焉爾列如左

鴨綠江上源

鴨綠江古馬訾水其上源有二一愛滹江一葡萄河愛滹江即暧江源出長白山南麓距天池四十餘里由三奇峯腰向西南去至南天門水脈若伏若斷有沙石無水綫土人名旱沙河又南二十餘里細流涓涓向東南流土人名愛滹

按此文劉封所查建川溝距長白山較遠其上源發自何處尚須考查就圖界論斷以暖葡合流處之雙岔口爲正

河暖江之名始此又南流九里許東有一水流入曰太平川又南偏東有一水流入曰小白川又南流一百餘里有一大水自東北來匯曰建川溝上流卽葡萄河韓人輒統名之曰葡萄河發源南葡萄山（距韓界胞胎山山分南北兩支）下流與暖江合流處名大雙岔口以上無所謂鴨綠江也自雙岔口以下始名鴨綠江古今考水道者皆以中國書考中國水就發源中國者而言鄰封則畧焉試就鴨江論其上源如旱河愛滹河等水均不及分水嶺南葡萄河之大何獨以暖江爲源而不以葡萄河爲源歟去年勘界員劉建封由長白山分水嶺東南旱河木石河地方循流而南歷經雙岔口目睹建川溝與葡萄河自東北來洪波巨浪與暖江相匯而江水始大水深色綠如鴨頭故名鴨綠執此以論則暖江爲鴨江之源建川亦鴨江之源也葡萄河亦鴨江之源也揆形度勢葡萄河流較暖流尤大且上源忽流忽斷並不直接長白故謂鴨綠江發源長白山之西南則可謂鴨綠江發源於長白山之西則不可就西南而論其上源斷自雙岔口始

流域

流域自雙岔口始雙岔口以下南流六十餘里至長郡二十三道溝溝水自右岸入焉對岸即韓國江上峯有深浦里溝水注之又南流十餘里右岸受二十二道溝水對岸爲韓國江下峯也又南偏西流六七里右岸受二十一道溝水對岸即韓國之寶城通天溝水注之又五里許右岸受二十道溝水又西南流二十餘里右岸受十九道溝水（溝內現分溫厚良善恭順儉讓矣五社）並有大小葡萄溝二水與溝水匯流入於江對岸即韓國報馬集也又五里許右岸受馬鹿溝水對岸即韓國烏雲浦有蓋膝溝水自東北來注之又里許歷長白府署前緣對岸韓山脚西流一里許右岸梨樹溝水入焉（此溝上通龍華岡現名梨樹鎮）對岸即韓國惠山鎮（俗名惠山城）又西流經萬寶岡對岸有一水入焉韓國名虛川江土人名兩江口又折而西北右岸受十八道溝水（現名安恩社）對岸即韓國梁溝又西流十餘里右岸北受十七道溝水（現名壬恩社）又五里許經半截溝（現名金華社）對岸即韓國高巨里又西流十餘里右岸受十

六道溝水（現名辛裕社）又西偏北流六七里受乾溝子水又西十餘里受十五道溝水（現名庚順社）又西偏北十五里受十四道溝水（現名己興社）又西二十餘里右岸受冷溝子水（現名景和鄉）對岸即韓國梭羅城又西十餘里右岸受十三道溝水（現名戊開社）對岸即韓國新牌城有黑河（即長津江）自南流注之又西四十餘里右岸受十二道溝水（現名丁寨社）又五里受照壁溝水對岸爲韓國界河城有小羅心洞水入焉又西折而北流二十餘里受十一道溝水（現名丙崇社）又五里許受十道溝水（現名乙農社）對岸則韓國大羅心洞水入焉又西十餘里右岸則九道溝水流入（現名甲華社）對岸則韓國漢連溝水入焉又西而北十餘里至八道溝有大小馬鹿泡水與溝水合流入於江是爲長白臨江分界之處立有界碑對岸即韓國蒲平鎮有漢溫洞水入焉又西十里右岸北受七道溝水又折而北受六道溝水並有兩小水自東來會一曰大夾皮河一曰小夾皮河又西流十餘里經樺皮甸子有馬鹿溝老虎溝駝子溝諸水匯入於江又西四十餘里受五道溝水又五里受四道溝水又十餘里受三

道溝水又西流二道溝及頭道溝水皆奔注於江而水勢益盛又南經帽兒山東麓右岸爲臨江縣署對岸即韓國中江鎮又折而西北流三十里受大小梨子溝水對岸即韓國牛道河又南二十餘里受葦沙河水對岸受韓國冰溝之水又南二十餘里凡老爺嶺（現名茂平嶺）大小各溝水皆下流入於江對岸爲韓國滿浦鎮及高山里城並白馬嶺破河城子河諸水皆入焉又南五十餘里右岸受大荒溝大坂溝太平溝諸水又折而西而南經懷仁縣界有佟佳江（即渾江）自西北來會地名渾河口對岸即韓國楚山郡自此以下而江流益大矣又南流六十餘里中間如液子溝大黃溝架板溝小黃溝小蒲河口三叉子諸水皆分流入於江對岸經韓國黃平堡有別河自左岸流入又南四十餘里受蒲石河安平河之水又南至九連城東南界有靉河自西北來會對岸即韓國義州郡又南經安東縣對岸爲韓國新義州又南二十餘里至大東溝入於海是爲鴨綠江入海之口

松花江上源

松花江古粟末水一名速末水一名鴨子河以長白山北直接天池之二道白河爲正源天池爲衆流之母惟二道白河實由天池接脈而下西北流七八里伏地又七八里有泉湧出是爲二道白河之正脈又正北流一百八十餘里中間有無數小河流入娘娘庫河自東北來滙娘娘庫河發源於老嶺此嶺係白山東北餘岡又流七八里右岸則馬鹿溝河入焉又西北流十餘里荒溝河入焉又西流十數里左岸則四道白河入焉四道白河自長白山東北坡流出又流數里則三道白河入焉又流數里則與由天池發源之二道白河匯焉水勢至此較大土人仍稱曰娘娘庫河又流三十里富爾嶺河河發源於富爾嶺自發源至此約二百五十餘里左右大小河溝匯入者約二十餘道貫泥河最先入次大小蒲柴河又次則古洞河大沙河皆水之大者餘尚有無數小水由東北來匯兩河匯流水勢益洪因名上兩江口二道江之名自此始自二道白河由天池發源至此計二百二十餘里自上兩江口以下西流十里許頭道白河由右岸入頭道白河發源於長白山西北麓距天池五十餘里又西十餘里細鱗河入焉又西北百餘里金銀璧河由右岸西北來匯又折而南偏西流百餘里五道楊

河由右岸先後入焉五道碯子河又由左岸先後入焉又西流五六里右岸則小夾皮溝水注之左岸則黃泥河水注之地名太平川又西南流二十餘里抵下兩江口與頭道江匯流此二道江上游諸水匯流之支派也頭道江上游有二源一緊江一漫江漫江源出章茂草頂中 厥東距長白山一百餘里北流四十里經竹木里之西南流六十餘里至花砬子與緊江合緊江發源於長白山之西坡其發源處分三岔中岔距天池二十餘里北流與北岔合有大小梯子河自東北注之（大小梯子河發源於長白山麓流三十餘里湯泉入焉湯泉亦名溫泉可浴）又南流與南岔合三岔相距不遠十里許自入緊江後統名爲緊江又西北流二十餘里馬尾河注之又六七里樺皮河注之又五六里兎尾河注之又十餘里至花砬子與漫江合是爲松花道頭江又西流十餘里黃泥河入焉又十里許碯子河入焉又十餘里石頭河入焉又折而東而北而西流九十餘里與湯河匯（湯河源發於南龍岡）又西流五里馬鹿溝水入焉又西北流三十里至大甸子是爲長白府擬設之撫松縣治又北流十

餘里松江河自東北來匯松江河上游一名松香河（源出東岡長七八十里）一名萬里河（源出北湖長一百餘里）又西流二十餘里榜椏溝水入焉又五十餘里至緊頭溜子此五十里內北岸則太平川入焉南岸則頭道二道三道花園諸水皆相繼匯流水勢至此較洪又北流五六十里與二道江匯流名下兩江口自此以下統名松花江向西北流入吉省界總之長白山迤北向西諸水均入二道江長白山迤西向北諸水均入頭道江兩江合流名松花江是松花江上游兩大支即頭道江與二道江也頭道江上游分支之水即緊江與漫江也二道江上游分支之水即五道白河也綜計以上各水與長白山頂之天池直接者惟二道白河一水而已故以二道白河爲松花江之正源實爲至當不易之理頭道江與二道江則松花江上源之兩大支其匯入於兩大支流者則又兩大支之分支而已均不得謂之正源正源即以直接天池之二道白河爲斷故以松花江發源於長白山北循流溯源確而有證

按松花江爲長白山北流一大支頭道江二道江匯流總名松花江自秦漢以迄唐宋從無以混同江名者遼聖宗太平四年始改鴨子河（即松花江）爲混同江混同之名昉此金史稱宋瓦江明一統志謂宋瓦即松花之轉音其尤誤者金史帝紀混同江一名黑龍江我

朝發祥世紀開國方畧

皇朝一統輿圖以及　盛京通志並地輿家私相撰述皆沿遼金元明之舊稱以故

上而臣工奏牘下而耆儒傳紀時而稱松花時而稱混同幾無定名在統壹時代尚無關礙現海禁大開强鄰窺伺江河藉端生事無理取鬧名稱稍涉牽混則乘間抵隙攙奪利權名之爲義大矣哉江河之義大者爲江小者爲河此至當不易之理乾嘉以前尚沿松花即混同之名咸同以後則以松花江與黑龍江匯流之處上自距伯都訥城北七十里之諾尼江起下至黑龍江又與南來烏蘇里江合流之處三江匯流混沌無涯爲混同江名義相符

鑿鑿可憑光緒六年曾惠敏紀澤與俄廷改訂崇約其第五端云崇厚原定條約時誤指混同江爲松花江遂有松花江行船至伯都訥之約由此以觀則松花江與黑龍江未經匯流以上其不得稱爲混同江也章章明矣顧黑龍松花兩江應如何區分之處從未嘗顯定其名將來界務交涉難保不蹈崇侯之覆轍國界攸關防範宜早管蠡之見擬請疆臣

奏請

皇上明降諭旨布告中外使天下臣民咸曉然於松黑兩江未經合流以上概不得以混同稱名致沿遼金元明之舊庶名義昭彰源流分晰而界務亦有所遵循不至貽頭腦冬烘之誚矣姑附芻議以備甄採

流域

松花江延長三千七百餘里以直接天池之二道白河爲正源以頭道江二道江合流之下兩江口爲江源之所匯自此以下皆流域也松花混同黑龍三江

之辯已於江源攷內分證明確茲不贅敘惟三江流域松花最長自下兩江口北流入吉林之濛江州界西南受輝發河（水道提綱所謂土門河按河出柳邊外之錫林哈達東北流經輝發城既受色勒河波笑河大萬兩河富大河呼蘭河等水現名爲輝發河）又北有穆禽河自東南流入又西北入吉林府界拉法河自東北來會（河上源曰推屯河出色奇窩集之西陂南流經拉法站流入於江）螞蜒河自西南入焉（水道提綱作巧烟河自馬烟淌合數水東北流入）稍北流經吉林省城東水勢較大可通舟楫（地名經徵現行小火輪）又折而西而北流過金珠鄂佛羅打牲烏喇有小水自舒蘭河站流入又西流經長春府北界南受伊通河（河自伊通州北流會伊勒門諸水流入於江）折而西流經伯都訥城之南水中有巨洲又西北七十餘里嫩江自北來會（嫩江亦曰諾尼江古名難水又曰那河源出興安嶺之伊勒呼里山南側南流經齊齊哈爾城南邁東至茂興站南與松花江會）名曰三汊口（計自發源至此一千六百餘里）總名松花江又東北拉林河入焉（拉林河出拉林山在烏喇城東北三百里）又東流至哈爾賓水勢益盛實富東清鐵路之中央（自此以下可通入水八尺之汽輪）又東稍北左岸爲賓洲府有阿勒楚喀河流入（水道提綱作諾廓河即阿爾楚廓河源出於嶍拔山之北諸合二水西北流入於江）右岸爲黑龍江之呼蘭府有呼蘭河流入（水道提綱作呼輪河自北合五水東南流七百餘里來注之）又東北經三姓城西北（由哈爾賓水路至此約七百餘里）牡丹江自南來會（水道提綱作拉哈河又曰虎爾哈河唐時稱忽

（汗河金時曰按出虎水土人皆稱牡丹江是為松花江一大支流）又東流有倭坑河會諸小水自南流入（水道提綱作窩肯河發源於三姓之阿爾哈山源流七百餘里）巴蘭河自北流入（水道提綱作巴蘭河自西北會四小水東流來會按巴蘭河發源於黑龍江圖木納之巴蘭窩集源流二百餘里）兩水會處作十字形以下灣曲甚多或南或北就大勢而論全向東北其支流之大且長者厥惟呑河（水道提綱呑河自呑你窩集池南流合十數水東南流七百里注於江）又北數十里經多隴烏嚕山（山在圖木納東南界）有上下石頭河流入又東北流富爾調河自北注之（河發源於圖木納之札伊山）又東匯為巨洲數十里又東南有杜兒河北自佛思亨山合小水東南流共注之又東有安巴河自南注之（河發源於三姓完達山之北）又東百餘里沙洲無數又折而東北流與黑龍江會於查厘嚕山之北以下統名黑龍江自此東流三百餘里而烏蘇里江自南來會三江會流始名混同江

圖們江上源

圖們江遼名駝門金稱統門我

朝康熙年間率稱土門朔方備乘稱徒門水道提綱又稱土們色禽韓人稱豆滿

惟　聖武記稱圖們至今沿之自遼金以來白山黑水屢更兵燹窮荒僻陋語音龐雜雙聲疊韻莫衷一是遂將圖們土門豆滿本爲一江之名附會穿鑿釀成圖們交涉之案究之一言以決之曰土門豆滿實則圖們一江而已惟上源之說不一有以紅丹水爲正派者紅丹水發源長白山東南之三汲泡（一名七星湖）泡水東北伏流八九里有泉湧出是爲紅丹水之源東北流一百二十餘里（中間有四小水並彿洞河入焉）至長坡與石乙水合流石乙水發源長白山之分水嶺距長白六十餘里自發源處東北流三十餘里紅土山水注之（紅土山水發源於紅土山山麓名布庫里山山下有池名布爾瑚里即三天女浴躬池池形圓土人稱爲圓池水向東南流六里許入紅土山水）又流數里大浪河亦由西北來匯是紅丹水爲長白山東南三汲泡發源之一大支水謂爲圖們江之上源者此其一有以大浪河爲正派者大浪河發源長白山東南分水嶺（距山嶺較遠韓人呼爲南岡）之東有三眼泉自平原湧出即大浪河源（韓人名之爲浪水）東南流十餘里與石乙水合流紅土山水自西北注之華人仍名石乙水東流九十餘里至長坡與紅丹水合流是大浪河爲東南分水嶺東之

三限泉發源之一大支水稱爲圖們江之上源者此又其一紅大兩水合流後又東流三十餘里紅旗河自北岸來匯（紅旗河發源於老嶺自發源處至此九十餘里水道提綱土門色禽自長白山東麓東南流數百里北岸受阿几个土門即紅旗河）是爲圖們江上源之北派又東流二里許至三江口西豆水自南岸來匯（西豆發源於朝鮮內地源流數里詳後）韓人名魚潤江一名樸河川（水道提綱南岸受朝鮮水二一曰魚潤江一曰波下川皆指西豆水而言）是又爲圖們江上源之南派自此以下統名圖們江（韓人呼爲豆滿江以其與西豆水合故名曰豆滿亦衆流彌滿之義）是則圖們江雖發源於長白山之東麓而上源爲衆流所匯概不以圖們名石乙紅土兩水水脈較細固不得爲正源南派北派僅上游之支派更無足論其水脈較大土人相沿以正源稱者由前之說一爲紅丹水由後之說一爲大浪河就兩水論自康乾至光緒年間凡勘界員僉以發源三汲泡之紅丹水爲鐵板主義歷查一統輿圖及會典圖說亦無不合至大浪河由分水嶺東之三限泉發出水流甚大下流仍與石乙水合韓人稱爲島浪水實卽大浪河其與石乙水合流之後統名石乙水是仍上游一分支水亦不得以正源名正源之確而有證歷數

百年無異說者厥惟紅丹水各國江河界例向以特出之正源爲主以匯流處之專名爲準實爲歐亞通例

按圖們江爲中韓天然國界自三江口以下國界固分明晰徵也三江口以上至長白山東南之分水嶺衆流交錯源泉混淆遂多錯誤　皇朝一統輿圖載有大小圖們之說當時延聘西儒强作解人一江之源解者紛如又復區而爲二會典祖其說遂以大圖們出自白山東麓二小水合流小圖們出其北二小水合流等語繪爲圖說光緒十四年朝鮮國王呈總署文內列有宜由長白山東麓究尋水源酌定界段等字樣藉端狡展卒至懸而未結者實由此大小圖們之說而起其誤一光緒十一年朝鮮使金允植筆述土門江事宜有豆滿江源紅土山水距碑下土堆盡處杉浦約四十里白山水伏流至此出現流入豆滿此水即茂山邊界茂山以北屬之中國等語是顯以紅土山水爲圖們江源即擬以此定界矣其誤二光緒十三年韓人謂以紅

丹水爲圖們江源則長坡一帶全歸中國界內多方狡辯當時中國委員博恤鄰之義而不之爭亦退主石乙水案雖未定究亦未曾駁辯其悞三我朝優待藩屬類皆如此今日間島草約又以穆碑爲定界碑由穆碑畫至石乙水則又大悞

附錄光緒十一年中國勘界員德玉秦煐賈元桂等考查西豆水源流稟文

西豆水至平甫坪之上分東西二流其東流發源於長白山東南之鶴頂嶺（距長白山約五百餘里地屬吉州北界茂山南界）北至與紅丹水合流處約四百餘里其西流發源於長白山東南之蒲潭山（距長白山一百八十里朝鮮呼爲寶髻山）此山中間有漫嶺嶺西坡二三里有一水西入鴨綠江嶺東坡二三里有一水即西豆水西流之發源處由此東北流與東流相匯再東北流至紅丹水合流處約二百八十餘里

三汲泡再誌

泡在白山東南一百餘里之分水嶺此嶺華人呼黃沙嶺朝鮮呼虛項嶺由

泡西南行順嶺坡而下約四十餘里有一水即建川溝向西南流入鴨綠江由泡東行順嶺坡而下約二十餘里有泉湧出即紅丹水之發源處東流一百七八十里至三江口與西豆水合流

紅丹水發源於東南一百餘里之三汲泡東南由三汲泡西南行順分水嶺坡而下約四十餘里有一水（即建川溝）西南流入鴨綠江由三汲泡東行順分水嶺而下約三十里有泉湧出即紅丹水發源處自此東流二百餘里至小紅丹水地方有一水自北流入即紅土山水之下流又東南合流數十里至三江口北岸紅旗河南岸西豆水皆匯於此是爲圖們江總名所由始

流域

江流計長一千六百餘里自三江口以下皆流域也東北流外四道溝河自北注之其對岸朝鮮茂山城也折而西北受西來一水（不詳何名）其東對岸朝鮮良雍城也又折東北流受南來水三對岸經朝鮮會寧府及鍾城潼關諸地皆濱江

有小水西北流入焉又東流北岸經大高嶺南旋嚕哈哩河（土名雪哂河）自西北來會其南對岸即朝鮮碣城也又折東流百餘里經崆峒山（即盤龍山）之南受凉水泉子諸水對岸即朝鮮美錢鎮城也又東流經密占站有密占河自東南注入又東至灣子南折受老身河陰陽河之小流南岸爲朝鮮慶源府城又東南經琿春之西琿春河合十數水自東來注之由大高嶺至此江流成半圓形又東南流經朝鮮慶興府之東北又東南流百餘里入於海名圖們江口

按圖們之名始於三江口自下流朝鮮茂山府以東歷經會甯鍾城穩城慶源慶興五府東至鹿島海口華韓兩岸界綫分明不啻天造地設祗此茂山以上源頭稍欠明晰究之上源自有公論（已詳上卷內）紛紛狡辯應查照圖界例以天然山河爲準云

長白徵存錄卷二下

周圍山脈水源方向里數記略

遼東爲山川環繞之區千峰萬壑莫可殫述而皆發脈於長白山其方向里數蓋嘗旁稽博訪並參以遊歷而得其大凡長白山爲群山之祖峯其在祖峯東南麓四十餘里特起巒頭仍與祖峯相銜結者俗呼小白山山頂劈分兩幹一幹向西南指爲鴨綠江上源一幹向東南指山谷忽隱忽見爲圖們江源是爲長白山總大分水嶺（穆碑舊址）其在小白山東南脈絡聯貫傾斜而特起者曰葡萄山距分水嶺一百三四十里朝鮮人名寶髻山山中間有一漫嶺嶺西坡二三里即蒲萄水發源西南流入鴨綠江嶺東坡二三里即朝鮮西豆水西流之源向東北流入紅丹水又東南最遠之山脈岡巒起伏遙遙相接者爲朝鮮境內吉州以北茂山以南之鶴頂嶺距長白山四五百里西豆水東流之水卽由此嶺發源此長白山東南麓中韓兩國山脈水源之方向里數也其在小白山之

東北一百六十餘里仍與小白山一脈相延者曰甑山山西南漫平處有水泡三名三汲泡一名七星湖是爲紅丹水之源山西爲石乙水西距小白山四十餘里西北距長白山峯八十里韓人呼爲烏浪水東流與石乙水合貼甑山而過至長坡下入紅丹水此水源實在長白山之正東又正東與長白山相距祇六十里者則有紅土山山南即紅土山水源山北即圓池水山東則岡峯延袤紆曲而綿長者是爲長山嶺又東而北距長白山一百二十餘里樹木樸樕山徑迷離道入延吉境内者是爲老嶺迤北爲秫稭垛山再北而東爲延吉岡又折而西爲牡丹嶺牡丹河之所發源也下流匯於娘娘庫河總歸於松花江上游之兩江口此長白山東北麓山脈水源之方向里數也其在長白山西北麓山脈之遠者爲富爾嶺距長白山二百餘里富爾河之所發源也東南流挾大小蒲岑河古洞河並無數小水注於上兩江口又西北爲金銀壁嶺距長白山四百餘里金銀壁河之所發源也下流入二道江此西北麓山脈之遠者其距

長白山約五六十里有五峯聳峙如虎形者俗號五虎嶺倚斜而西而北又折而西而南名爲分水嶺南流水歸頭道江北流水歸二道江故有分水嶺之名又西北綿亘一百餘里至碿子河尚五道碿子河皆由此發源又西南七八十里至頭道江沿即五虎嶺嶺脈之盡頭處名叢頭碿子亦曰老嶺古名長嶺子滿州語果勒敏珠敦嶺即此嶺之支脈也距長白山約五百餘里此長白山西北簏山脈水源之方向里數也其在長白山西南分水嶺蜿蜒而北而西南層巒疊嶂爲長白靈秀所獨鍾者則爲老龍岡又西南八十餘里爲章茂草頂山漫江之源又西爲斐德里山又西爲伊爾哈雅範山佟佳江之所發源也古名鹽難水在今臨江三岔口地方稱渾江源又西至　興京府府西三十五里至啓運山地名陵街

肇祖

興祖

長白徵存錄

肇祖

顯祖之陵寢在焉名曰

永陵距長白一千三百餘里陵南有張陰河張子河由東向西北流（二河即蘇子河上游）通薩爾

滸山之南又西二百四十里爲

天柱山

太祖高皇帝之陵寢在焉名曰

福陵（渾河由東來環陵南趨西）距奉天四十餘里又西越奉天城西北十里許爲

隆業山

太宗文皇帝之陵寢在焉名曰

昭陵距長白山一千七百餘里土人統呼爲龍岡凡此

三陵之脊峙皆長白山西南麓龍岡之所鍾毓而蟠結者也據地輿家云長白山支脈

最長且遠行至山海關伏海與秦晉太行山脈由西南越東北至山海關伏海

之脈絡相接又過海南而結泰岱諸山山爲天地之骨江河皆血脈所流通也亦天地自然之理之道歟顧此祗就長白山近脈而論其遠山遠水姑置不贅

天女浴躬池

長白山東布庫哩山下有池曰布勒瑚里相傳有三天女長曰恩古倫次曰正古倫次佛庫倫降浴於池有神鵲銜朱果置季女衣季女含之入腹尋生一男生而能言貌奇偉及長母告之故錫之姓曰愛新覺羅名之曰布庫哩雍順與小舠乘之遂凌空去男乘舠順河登岸折柳蒿端坐其上適鄂謨輝三姓爭長仇殺有取水河步者奇其貌歸語人曰汝等毋爭天生非常人趨觀之且詰其由來曰我天女所生以定汝等之亂者告以姓名衆曰此天生聖人也交舁之迎至家推爲國主妻以女尊爲貝勒是爲滿州生民之始

按天仙降浴語近不經顧媒姆孕周元鳥生商載在雅頌尼山刪經而猶存其舊豈故傳疑耶天生神聖固未可以常理論也

章茂草頂山

山在長白山之西南漫江發源於山北十五道溝水發源於山南東接長白山西連圓秀山山峯奇峻亦長白之支裔也

圓秀山

山在章茂草頂之西舊名斷頭山因名不雅改今名

紅頭山

山在章茂草頂之東遙望山頭如夕陽遠射紅光萬里故名

紅土山

山舊名布庫里山山下有池名布勒瑚里即三天女浴躬池土人稱爲圓池水向東南流六里許入紅土山河

五虎嶺

嶺在長白山西北麓五六十里五峯突起遙遙對峙盤踞如虎形故以名嶺斜

倚而西而北又折而西而南至分水嶺

葦頭碯子

一名老嶺由五虎嶺分派至此與分水嶺並峙距長白山約四百餘里

頭道白河

河發源於長白山西北麓之平安嶺距天池五十餘里

二道白河

河源直接長白山上之天池爲松花江之正源自天池北角懸崖奔注瀑布千丈望之如銀河倒瀉龍兩騰空西北流七八里伏地又七八里有泉湧出正北流一百八十餘里有娘娘庫河自東北來匯

三道白河

河發源於長白山東坡下流入娘娘庫河

四道白河

河發源於長白山東北麓下流入娘娘庫河

五道白河

河發源於長白山東北麓源頭不詳

五道磂子河

五河皆發源於磂子河岡下流入二道江

三汲泡

泡距長白山峯六十餘里在葡萄山東北紅丹水發源於此

石乙水

水發源於長白山東南之分水嶺距嶺頂六十餘里下流一百一十餘里入紅

丹水

紅土山水

水發源於紅土山東南流九十餘里與石乙水合

大浪河

河發源於長白山東南麓之分水嶺距長白山頂六十餘里韓人呼爲南岡嶺東有三眼泉自平原湧出東流十餘里與石乙水合韓人呼爲烏浪水

紅旗河

河發源於長白山東北之老嶺下流九十餘里至三江口與大浪河合水道搓綱土門色禽自長白山東麓東南流數百里北岸受阿几个土門譯音阿几个大也假即以紅旗河爲大土門與會與不合

漫江

江發源於長白山西南章茂草項山中腰北流四十餘里歷竹木里之西南又西流六十五里至花碯子與緊江合

緊江

江發源於長白山西坡其發源處分三岔中岔距天池三十餘里北流與北岔

合有大小梯子河合注之又南流與南岔合三岔相距不過十餘里合流後又西流六十餘里至漫江營又十餘里至花砬子與漫江合

大小梯子河

河發源於長白山中腰之梯雲峯夏秋之交瀑布高懸一落千丈與二道白河之瀑布一北一西恍如雲飛天表白練騰空亦天然之勝景也下流入緊江

松江河

河發源於長白山西之北岡下流入二道江江兩旁生安息香草故亦名松香河

萬里河

河發源於長白山西之北嶺折而南流入松花江又折而西入頭道江挾頭道二道三道花園諸水北流至下兩江口與二道江合

大小納殷河

按長白山區域有二部一曰鴨綠江部一曰納陰部納陰部在長白山之北境內有額赫額因（即大納陰）三音額因（即小納陰）兩河額因一作訥延即納殷之轉音也故以納殷名部者因河得名耳河在今上兩江口之西南下兩江口之東南惟下兩江口東南大水祗有緊江漫江其餘如近白山之大小梯子河等河則入緊江後至花砬子又與漫江合流後而松香河萬里河皆入焉均不如緊江漫江之大就其大者而言即今之緊江與漫江也

穆克登分水嶺碑文

碑高三尺有奇寬約二尺字體端嚴照原式錄左

大清

烏喇總管穆克登奉

旨查邊至此審視西爲鴨綠東

爲土門故於分水嶺上勒

石爲記

康熙五十一年五月十五日

筆帖式蘇爾昌官二哥

朝鮮

軍　官李義復趙台相

差使官許　樑朴道常

通　官金應德金慶門

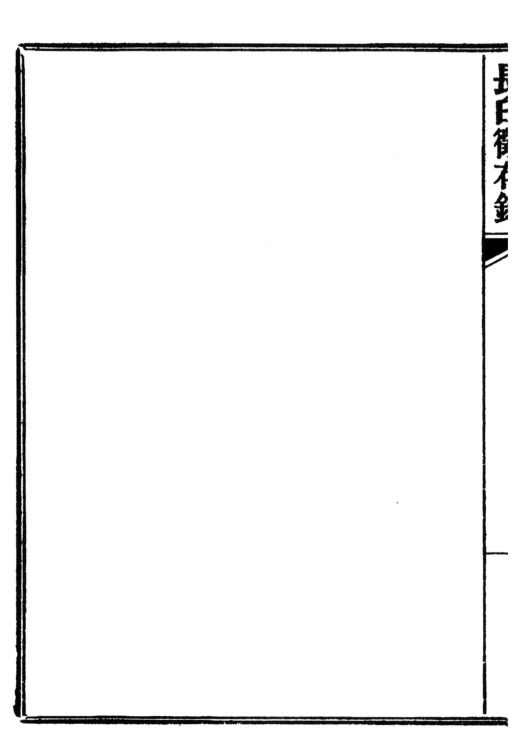

穆石辯（節錄劉令作題會其說）

中韓之界碑亡矣（十字碑華夏金湯固河山帶礪長）亡於葡萄山下査邊之穆石存矣存於長白山南亡者無迹可尋存者有文足據寥寥數語猶足判二百數十年後之交涉問題其首書云烏喇總管穆克登是單銜直書也當時有候權李善溥等接伴何以不書曰非會勘之員也書奉

旨査邊者何遵

聖祖仁皇帝之

諭旨也

諭旨謂此去特爲査我邊境與彼國無涉也書至此者何誌其足跡所到非以此爲界也曰審視者何謂距此尙遠故審而視之也以當時地勢攷之西爲建川溝東爲三汲泡概不以鴨綠土門名何以謂西爲鴨綠東爲土門耶曰是兩江從出之源非兩江實在之地點也末云故於分水嶺上勒石爲記曰勒石明其非

界碑也曰爲記是自記以作紀念與界務無干也曰於分水嶺上玩一上字正與咨文內於分水嶺之中立碑一中字相對是明明尙有界碑在分水嶺之中與嶺上之石不相關也其石上特書大淸二字而於朝鮮下但記其隨行各員是供我立石之役非會同立碑之人也如果會同立碑則應書樸權李善溥兩人銜名而不應書隨行供役之筆帖式等官此不待智者而知之矣且按穆克登咨商文內議於分水嶺之中立碑在康熙五十年五月二十八日樸權等咨覆在康熙五十年六月初二日以年月攷之尙在議立未立之時而穆石上所書年月係康熙五十年五月十五日豈有議立在後而立碑在先耶則審視碑之非界碑固不必嘵嘵置辨卽就石文而詳繹之已成鐵案不磨矣若以石文寄交荷蘭海牙萬國仲裁裁判所公斷當亦無詞

長白徵存錄卷三

兵事

總序

天不能有生而無殺地不能有夷而無險世不能有治而無亂國不能有文而無武此古今自然之理也羲皇承運混沌初開榆罔蚩尤起而構難尙煩涿鹿阪泉之師況運會遞降種類日繁豈無佽擾天常如古之檮杌窮奇渾敦饕餮者乎唐虞禪位文敎覃敷重譯來朝肅愼氏聞風歘闕首先輸誠虞夏商周貢獻不絕泥古之儒遂謂東方多君子之國以文弱不以武勝抑猶一隅之見也周末文極而競武王綱不振伯雄分馳併於嬴秦而縱橫之習延蔓朔方燕人滿乃東渡遼塞置吏築障役屬眞番朝鮮各君長主盟海外以遼東浿水（在今朝鮮平壤城地方）爲界遂成獨立之國東北邊割據之勢實始於此而兵燹之禍以伏自此以後燕齊亡命之徒率皆逋逃盤踞恃爲淵藪至漢元封二年滿子孫右渠勾引

漢朝亡人侵掠邊塞武帝遣樓船將軍楊僕左將軍荀彘等浮海出擊於是乎有朝鮮之役繼而分朝鮮爲四郡以殺其勢眞番臨屯元菟樂浪是也旋復徙元菟於遼西罷臨屯眞番以併樂浪自王險（即今平壤）至單單大嶺以東悉隸樂浪而朝鮮亡矣而夫餘之兵起矣夫餘王金蛙無嗣禱於太白山（即長白山）而侍婢吞卵生子於鴨綠室中曰朱蒙以善射名以弓矢刀矛爲軍器英武絕倫國人畏而服之遂王夫餘易國號曰高句驪而夫餘微矣而高句驪之兵遂橫行於鴨綠江流域矣安順之朝屢寇樂浪元菟魏晋時其子孫曰宮曰釗有勇力好攻戰一敗於毋邱儉一敗於慕容元眞兵威稍挫越數世廣開境土好大王天生神武赫怒興師又東夷之錚錚佼佼者也新羅百濟三韓皆其甥舅兄弟之邦畏威畏力皆俯首於高句驪之庭於此時也倭人亦乘間西略發憤爲雄然究不敢與高爭終五代之世南北朝分崩離析而國富兵强囊括遼東五千餘里足與中原相抗衡者厥惟高句驪晋義熙年間封爲都督營州諸軍事高麗

王樂浪公高麗之名至此而著都平壤號長安城黑水靺鞨皆附焉白山南北諸部落震其餘威唯命是從隋則不違遠畧也唐太宗掃盪神州武夫悍將所向克捷適新羅遣使告急是以有親征高麗之舉當時如李勣王道宗薛仁貴劉仁軌等或由浿江横渡或由鴨綠挂帆奪馬邑山拔烏骨城直擣當奔直趨平壤高麗從此不競矣無奈天未厭亂而萬歲通天中已有渡遼水倚太白山阻奥婁河樹壁壘晦以自雄者渤海氏之磨牙欲噬蓋已胚胎於太宗班師之日矣嗣後英君豪長改號改元則有若大祚榮有若大武藝有若大欽茂蠕蠕蠢動不奉唐朔越至大彝震崇修宮闕建五京十五府六十二州僭曆鈐制聲威赫濯兵力之雄實跨越三韓三沃沮新羅百濟之上一時遼東七十餘國主齊盟而執牛耳者非渤海其誰屬哉初不料猛虎在山而獵人已伺其後也當謌謡式微之時契丹在西鐵驪在北亦皆秣馬厲兵以待而耶律阿保機號著先鞭統兵南下急取荊州於是乎有忽汗城之捷俘其王大諲譔封爲東丹國

而渤海滅矣其餘灰殘燼如熸火㷅㷅於蓋馬大山之間者祗有一高麗耳抑諺語曰蕞爾小國契丹以爲不足圖也乃以鴨綠江北之地盡予高麗高麗築六城聊以自固遼太祖破龍州城後又遷其人而空其地仍以之予高麗暫以鴨綠江爲界各不相犯東北邊兵燹之禍爲之稍熄此亦春秋弭兵之計也然而中原多事矣始而遼勝於金凡鴨綠松花兩江之源皆爲遼有如烏舍（即珠舍里）布庫里（即今布庫哩山）各國兵隊悉歸調遣八部之兵名震松漠迄蕭太后專制國權遂大舉入宋而有澶州之役繼而金勝於遼堅摧鑌鐵瑞獻黃龍立馬吳山徽欽北狩蓋自遼金以後中原之王氣自南而北漸鍾於白山黑水之間是爲古今中外盛衰强弱之一大關鍵也故用兵之道亦以東北爲最雄史册有言曰女眞兵滿萬便不可敵兵威之雄亦槪可見矣洎乎有元奇渥溫鐵木眞聖威天錫用兵如神不數年而滅宋滅金奄有中原殆亦漢高祖唐太宗之流亞歟自古以東北起兵控馭西南吞八荒而跨九州者吾於元太祖首屈一指焉歷觀

遼海之部落君長分爭角立忽焉而分忽焉而合與春秋戰國之局後先如一轍揆形度勢論世知人朝鮮肅慎則遼東之魯衛也夫餘則宋襄也高勾麗則齊桓也渤海氏則晉文也百濟三韓則吳楚也新羅三沃沮則鄭宋也契丹則嬴秦也室韋鐵驪則燕趙也兵連禍結迄無寧歲自遼金兩太祖崛起東陲縱橫掃蕩數千里已開一統之先聲卒以繼世無人不數傳而相繼淪亡直待有雄才偉畧超越古今如元太祖者壹戎衣而東西朔南始定於一爲雖運會遞嬗興亡靡定總之兵强者存兵弱者亡此其大較也遼金元三朝英主皆志在中原畧近圖遠內患滋以致三姓構難世相仇敵遼金末造餘燼復燃天道循環殷憂啓聖將降大任以開滿洲之統顧其時干戈初動殺伐猶未張也明承元祚建都金陵鞭長不及遼瀋永樂年間增設遼東衛所頗具選畧但僅示以羈縻之義而武衛不嚴邊陲仍多擾攘延至隆萬之朝東海三部扈倫四部長白山兩部滿洲五部爭相雄長皮馬侵偸又變爲紛爭之局幸我

太祖高皇帝承

肇祖之餘烈爲下國之綴旒於前明萬歷十有一年大興撻伐之師將滿洲各部落以次削平明猶不悛擾盜邊陲我是以有薩爾滸之捷兵事之有關國勢也顧不重哉傳曰天子有道守在四夷係就關鎖時代而言至門戶洞開則四郊多壘非籌邊不足以圖存非練兵不足以守邊腹地重文教邊彊重武衛自古爲然現長郡孤峙大東與敵人共一江之險擊柝相聞枕戈待旦此其時矣列兵事門

國朝本郡兵事

查東海三部曰瓦爾喀曰虎爾哈曰渥集皆在長白山東北扈倫四部曰哈達曰葉赫曰輝發曰烏拉皆在長白山西北滿洲五部曰渾河曰棟鄂曰哲陳曰蘇克素護河皆在長白山西南惟完顏部在長白山之北以上各部雖相距遠近不同要皆與本郡毗連其適當本郡之衝者惟長白山之鴨綠江部與訥殷部辛卯春正月我

太祖高皇帝乃遣兵畧長白山之鴨綠江路而盡收其衆是爲我

朝用兵本郡之始攷長白山有二部在山南者曰鴨綠江部在山北者曰訥殷部鴨綠江部望風投誠兵不血刃惟訥殷部長有蒐穩色克什者性頑狡悍與珠舍哩部裕額楞攖引葉赫諸部侵掠邊境旋改衆七寨種族占踞佛多和山（佛多和譯音柳樹也以今地理度之即在柳河岡左近地方）與大兵相抗

太祖命額亦都等率兵千人直攻佛多和山寨三月乃下而訥殷部與珠舍哩部以次

長白徵存錄

削平山南江北皆隸版圖
神武之功單及遐方定有八旗軍制錄左

滿洲兵制每出兵校獵各隨族黨屯寨而居每人各出一矢十矢領以一長稱爲牛彔嗣因人數繁多每三百人設一牛彔額眞（後爲牛額章京卽今佐領）尋復定五牛彔設一甲喇額眞（後改稱甲喇章京卽今參領）五甲喇設一固山額眞（卽今都統）每固山額眞設左右兩梅勒額眞（後改稱梅勒章京今副都統）初祗有四旗（創制年月無考）旗以純色爲別曰黃曰白曰紅曰藍至是增設四旗參用其色鑲之（幅之黃白藍者紅綠幅之紅者白綠）共爲八旗行軍時地廣則八旗分八路而進地狹則八旗合一隊而行隊伍禁攙越軍士禁喧囂當兵刃相接時被堅甲執長矛大刀者爲前鋒被輕甲善射者從後衝擊俾精兵立他處勿下馬相機接應凡兒童初生時卽分報各旗以備兵額亦通國皆兵之遺制也八旗兵威之盛實基於此

歷代兵事

周秦以前兵事

史記虞帝紀南撫交趾北發西戎析枝渠搜氐羌北山戎發息愼長郡在肅愼南界其云北發息愼者是爲本郡用兵之始尚書序成王既伐東夷息愼來賀似又爲兵威所懾而謂上古之世專以文敎服遠人者尚屬迂闊之論況肅愼氏楛矢之利汲冢周書孔子家語紀載不絕其地方尚武之風不問可知晉書肅愼氏人性凶悍以無憂哀相尚父母死男子不哭泣哭者謂之不壯彊族尚武之性亦可槪見肅愼爲東北一大部落又以弧弓雄天下若僅以文敎懾服之恐三代聖主亦有所不能也故特引虞帝紀尚書序用兵之軼事以補兵事之闕

兩漢兵事

漢時樂浪爲本郡故壤冊府元龜漢武帝元封三年滅朝鮮分置樂浪元菟臨

屯眞番四郡還時本境雖經兵革而漢史載之不詳通考漢安帝永初五年夫餘王始將步騎七八千人入樂浪魏志漢殤安之間高句麗王宮在長白山南數寇遼東及元菟遼東太守蔡風元菟太守姚光以其爲二郡害興師伐之宮詐降請和二郡不進宮乃密遣軍攻元菟焚燒候城入遼殺吏民又順桓之間高句麗復攻遼東寇新安居鄉又攻西安平於道上殺帶方令略得樂浪太守妻子靈帝建寧二年元菟太守耿臨討之斬首虜數百級高句麗降屬遼東又乞屬元菟其後復攻元菟元菟太守與遼東兵合擊大破之按本境在元菟之南高句麗之北戎馬倥傯本郡適當其衝池魚林木之殃其能免乎

魏晉六朝間兵事

魏志漢武時沃沮屬元菟後改屬樂浪漢以土地廣遠在單單大嶺之東分治東部都尉治不耐城別主嶺東七縣時沃沮亦皆爲縣漢光武六年省邊郡郡尉由此罷其後皆以其縣中渠帥爲縣侯不耐華麗沃沮諸縣皆爲侯國夷狄

更相攻伐唯不耐濊侯至今猶置功曹主簿諸曹皆濊民作之沃沮諸邑落渠帥皆自稱三老則故縣國之制也是魏晉間沃沮爲獨立部落本郡即其舊治然其國小迫於大國之間臣屬句麗句麗嘗加之以兵歲責租賦毋丘儉傳正始中儉以高句麗數侵叛督諸軍步騎萬人出元菟從諸道討之句麗王宮將步騎二萬人進軍沸流水上大戰梁口宮連破走儉遂束馬縣車以登丸都屠句麗所都斬獲首虜以千數句麗沛者名得來數諫宮宮不從其言得來歎曰立見此地將生蓬蒿遂不食而死舉國賢之儉令諸軍不壞其墓不伐其樹得其妻子皆放遣之宮單將妻子逃竄儉引軍還六年復征之宮奔沃沮遂進師擊之沃沮邑落皆破之斬獲首虜三千餘級宮奔北沃沮儉又遣元菟太守王頎追之過沃沮千有餘里至肅慎氏南界刻石紀功刊丸都之山銘不耐之城誅納八千餘口本郡所遣兵燹當以此役爲最慘晉及六朝中原擾攘異族憑凌本境屬在東北邊陲兵事較少史文闕如亦地勢使然耳

隋唐間兵事

隋書靺鞨在高麗之北邑落俱有酋長不相統一凡有七種其一號粟末部與高麗相接勝兵數千多驍武每寇高麗以地勢考之當即本境區域其國西北與契丹相接每相刼掠隋高祖時因其使來誡之曰我憐念契丹與爾無異宜各守土境豈不安樂何爲輒相攻擊甚乖我意使者何罪高祖因厚勞之令宴飲於前使者與其徒皆起舞其曲折多戰鬥之容高祖顧謂侍臣曰天地間乃有此物嘗存用兵意何其甚也及唐漸次强盛黑水白山等部皆役屬之新唐書萬歲通天中契丹李盡忠殺營州都督趙翽反有舍利乞乞仲象者與靺鞨酋乞四比羽及高麗餘種東走渡遼水保太白山之東北阻奧婁河樹壁自固武后封乞四比羽爲許國公乞乞仲象爲震國公赦其罪比羽不受命后詔玉鈐衛大將軍李楷固中郎將索仇擊斬之是時仲象已死其子祚榮引殘痍遁去楷固窮躡度天門嶺祚榮因高句麗靺鞨兵拒楷固王師大敗楷固脫身而

還於是契丹附突厥王師不克討祚榮即幷比羽之衆恃荒遠乃建國自號震
國王地方五千里戸十餘萬勝兵數萬盡得夫餘沃沮弁韓朝鮮海北諸國睿
宗先天中遣使拜祚榮爲左驍衛大將軍渤海郡王以所統爲忽汗州領忽汗
州都督自是始去靺鞨號專稱渤海開元七年祚榮死其子武藝立斥大土宇
東北諸夷畏臣之未幾黑水靺鞨使者入朝帝以其地建黑水州置長史臨總
武藝召其下謀曰黑水始假道於我與唐通異時請吐屯於突厥皆先告我今
請唐官不吾告是必與唐腹背攻我也乃遣弟門藝及舅任雅相發兵擊黑水
門藝嘗質京師知利害謂武藝曰黑水請吏而我擊之是背唐也唐大國兵萬
倍我與之搆怨且亡昔高麗盛時士三十萬抗唐爲敵可謂雄彊唐兵一臨掃
地盡矣今我衆比高麗三之一王將違之不可武藝不從兵至境門藝又以書
固諫武藝怒遣從兄壹夏代將召門藝將殺之門藝懼儳路自歸詔拜左驍衛
大將軍後十年武藝遣大將張文休率海賊攻登州帝馳遣門藝發幽州兵擊

之使太常卿金思蘭使新羅督兵攻其南會大寒雪袤丈士凍死過半無功而還其後武藝卒傳七世至仁秀頗能討伐海北諸部開大境宇爲海東盛國建五京十五府六十二州官府制度燦然大備至北宋之末其國猶存然此數百年間之兵事見於史乘者寥寥無幾惟遼紀稱天顯元年太祖親征渤海破忽汗城獲王大諲譔遂併其地改渤海爲東丹國此後則本境區域入遼之版圖矣

宋金元明間兵事

自宋迄明本境不更兵革雖遼金元起滅相代亦不過兵及首都餘則傳檄而定即地方建置率皆沿襲前代舊制不甚經營明人尤未嘗一履其地故兵事差少史亦畧而不書

長生堡兵事紀畧

光緒二十七年四月二十日鬍首劉發（即劉單子）同賊目白姓由渴河循十五道溝

直趨長生堡之塔甸分兩股居住共一百餘名居民在塔甸者供給米糧與鴨綠江左岸韓民約寸草不擾彼此各勿妨害至二十三日韓岸惠山城上突放槍擊賊劉發恚甚遂率衆渡江擊退韓人入惠山城燒燬房屋三十餘家並與韓人遞戰書內有汝韓人有何兵何將請還來戰吾不懼也等語五月初一日韓人遂督隊自窰溝至烏雲浦沿岸皆韓兵勢頗壯劉發見勢不敵而退率其黨奔嶺後韓兵乘機渡江右將塔甸至十九道溝一帶居民房舍共十二家焚掠一空次日韓兵又渡江攻我會房之兵華民受傷者八名時光緒二十七年五月間事也光緒二十八年華人王恩與徐慶發黨衆匪徒二十餘名由臨江奔塔甸入梨樹溝分兩股王恩帶賊十餘人趨嶺後徐慶發帶賊十餘名在塔甸左右肆行搶掠民人稍拂其意則炮烙之酷虐異常旋亦從十五道溝奔嶺後而去光緒二十九年三月間徐慶發劉苗又從十五道溝奔塔甸搶掠至潘家窩棚圍而攻之華韓受傷者各二人慶生堡殷練長帶勇至塔甸解散徐劉

等情甘歸正十八道溝內有匪徒三十餘名徐劉等率衆勦辦生擒二名餘黨遠颺兩堡民戶稟請臨江縣吳令批准寬其既往而賊匪爲之一靖是年五月有紀正羅者做木筏漂流韓岸韓人盜劈無數徐慶發趕至八道溝韓人允爲整理旋卽返覆稟明韓官韓官派兵將紀正羅等捆去八名徐慶發遂邀同華戶通知兩堡遂警均不知爲何事也至八月間徐暗約兵丁十八名夜赴三水城襲其城城內人皆遁擒其司書一名奪後門槍三十四枝子母三千餘粒韓民畏而請和欲以華人八名易司書至期華人皆還而韓司書猶未回也韓人憤而大舉夜繞半截溝山後自九道溝至十五道溝風聲鶴唳皆韓兵也天將曉徐率敢死者十餘名擊退之韓兵之逃竄者將十五道溝上下民房燒毀無存斃華民十八名虜牛馬一百餘匹旋經臨江縣吳令議有賠款在案

附錄忠義軍

光緒二十六年拳匪肇亂有劉單子者嘯聚黨徒號忠義軍分三隊統領第一

隊丁福堂第二隊張桂林第三隊冷振東由嶺後柳河縣越湯河直趨通化縣令陳受其凌虐不堪言狀伊時又有賊一股賊首綽號十四闖王亦與劉合股剽掠而賊勢益猖獗二十七年春賊股內王江逵綽號王老道又分一股踞臨江爲巢穴帽兒山巡檢陷入賊窩不得已退至八道江其賊黨有悍婦楊姓招集男婦二百餘人號六合團人稱爲楊老太太亦與王合黨約有一千四百餘名盤踞數月之久左右居民供給糧草稍有不備則肆行搶掠蹂躪無所不至至十月間王外委寶山率本隊兵勇與衛沙河團勇合剿至大梨子溝與賊戰賊敗十一月初一日追攻其巢賊窘而竄擊之於六道溝賊又敗奔入二道溝團仍乘勝而進賊潰向嶺後渦河而逸二十八年賊之餘黨有馬姓者悍而狡綽號馬老太太實則無賴之男子也綁票殺人無所不至王玉山帶兵三十名擊之而退

臨江縣長生保地方被韓兵越界滋擾議定聯結章程 光緒三十年

一中韓鄰邦交好三百餘年近自甲午以後兩邊界民時有越界互相侵擾惟臨
江縣甫設縣治凡自光緒二十九年八月以前彼此既未先期照會有文憑約
予免究以固邦交

一中國長生保居民無故被害實深矜憫雖由韓民無知先自搆衅究其致禍發
難先由隊官崔丙赫縱兵搶掠慘殺多命而砲手頭領延振燾助惡逞凶將來
應由韓國官員從嚴懲辦　而匪徒徐慶發盜取三水槍械亦干法紀亦應由
中國官員按法嚴治以期情法兩平

一韓民金秉珠等三名在華種地當其地東盧貴家屬工人等六名投往避難金
秉珠等並不救護反綁交韓國兵隊以致均遭慘殺應由韓官查獲重辦嗣後
永不許再到中國界面

一中國長生保居民被搶牛一百二十五頭騾馬三十三匹現由韓官找獲牛馬
六十頭匹先行交還下餘短六十五頭匹議明韓官賠償韓平錢銀四千兩訂

日交割

一長生保居民婦女幼孩查明共被害者十八名口按照華俄鐵路章程俄民致斃華民一名卹華平銀三百兩擬仿照俄章給卹韓官不敢擅定議俟報明韓國政府聽候朝旨再行議結

一長生保居民房屋查明被焚大窩堡十七處共二百間每間賠價修費銀四十兩小窩堡四十處共二百四十四間擬每間賠價修費銀二十兩韓官不敢擅定議俟報明韓國政府聽候朝旨議辦

一長生保居民五十七家查明被燒被搶烟土銀錢衣服油磨傢具一切等物約共計值銀六千餘兩韓官不敢擅定俟報明韓國政府聽候朝旨議辦

一長生居民查明被燒糧食共一千二百餘石按照時價每石價銀三兩共合價銀三千餘兩韓官不敢擅定議俟報明韓國政府聽候朝旨議辦

一韓國三水郡被徐慶發搶去快槍三十桿彈丸一箱俟卹欵結清即由臨江縣

如數交還韓國倘有短少中國官賠補以昭公允

一韓國平民凡在光緒二十九年八月以後有被中國之人無故傷害者亦由韓官查明當日如何峠情照會臨江縣覆查相符亦照前章給銀撫邺倘係彼此鬭仗被殺不在此例

一中國之民嗣後貿易種地應由各國地方官隨時保護不准互相欺凌倘有不法之徒無論中民韓民凡無故越界侵擾搶掠應拿獲交官轉送本國官按法懲治此後沿江籬木出自華商財產倘有韓民撈取一體嚴辦

一中韓兵隊嗣後各守疆界如無公文先期照會不准私自越界侵擾生事倘有違犯及開放槍銃者應准立時緝拿如照會各本國地方官按法懲辦

一韓官格外體恤災民先行給根三十石暫時接濟計奏報韓國公文往返須限四十日以光緒三十年正月二十五日爲期各民遵守聽候不准私仇鬧事

一據官原報徐慶被搶得快槍三十四桿子母九千餘現在分得槍三十桿子母

一箱其原失子母槍械與現在查數不符必係徐慶發丟失俟徐慶發到案必爲力追

大清光緒二十九年十二月十三日

大韓光武八年十二月十三日

興京撫民府孫長青　臨江縣吳光國　韓國甲山郡守李振豐

韓國三水郡守李敏堂　韓國檢查官趙重錫　韓國陸軍正尉趙基高　韓國陸軍正尉金思稷

險要

八道溝口　距長白府三百餘里

長臨以此溝分界西界樺皮甸地極平敞由臨至長沿江共二十三道溝惟八道溝最長樹海綠天曲徑迴環直接章茂草頂再東走二百餘里接長白山西南角梯子河地方潛師深入踞章茂草頂之巔則鴨江以北勢如破竹矣擬駐

兵

大小冷溝子 改名景和鄉

溝與韓國黑河對口黑河即長津江爲咸興南道最大之水西即衛天嶺山勢亦極雄偉韓國新繪地圖列爲兵道實南來之要津日本設有憲兵分遣所距黑河二里許名新乫坡兵家所謂衝地者此也擬駐兵

十五道溝口 改名慶順社

溝綿長與八道溝相埒由溝門深入歷新開龍華岡迤邐而北越韋茂草頂經老黑頂山之東越竹木里之西直接撫松之漫江營若以一枝兵橫截其間則南北消息不通矣擬駐兵

金華鎮 舊名半截溝

鎮爲長白府西屏層巒疊嶂環繞如圍去年新設市廛商賈日增管子地圖篇有所謂轘轅之險者此類是也對岸即韓國上下江山峰右岸拔爲實岡脣齒

相依重鎭也擬駐兵

長勝岡

岡在署東一里許西與塔山層白峯觀衛峯脈絡銜接左岸與韓國壓筒溝葦膝溝緊對登岡遠矚直俯惠山鎭之背並可杜葦膝溝南來之路去年稟修營房一所即此岡也擬駐兵

三岔子地方

此地係二十道與二十一二道等溝交尾之所日俄戰時日本軍用木植即取給於此修有輕便鐵軌長約十餘里四通八達上接平頂山紅頭山下通鴨綠江每冬春之間億萬木把薈集雜居數年後當益繁盛實郡東股肱地也擬駐兵

雙岔口

此口爲中國暖江韓國葡萄江合流之處名爲鴨綠江由葡萄江而上直接胞

胎山即旃荷山之轉音由賸江而上直接長白山一旦有事中韓勝負之機即伏於雙岔口現因餉需支絀部勒維艱將來必須力籌先籌以資防範擬駐兵

三江口

在擬設安圖縣南界即紅旗河下游東南即石森河日人已在該處添造營房地雖幽僻而阨要異常若乘間而入岌岌可危兵家云障塞不審不過八日而外賊得閉三江口東南敵人已建兵房實爲必爭之地毋以其障塞而忽之也擬駐兵

兩江口

在擬設撫松縣西北界即頭道江與二道江匯流之處總名松花江牽吉以此分界岡巒重疊衆水交流明季之訥殷部即據此數十里山岡築寨屯防以抗額亦都之兵乃撫松西北之屏藩也擬駐兵

以上各險要皆沿鴨綠江岸與長白山嶺語云培塿之邱漸車之水可以禦敵

况汪洋如鴨綠險峻如長白者乎孫子有言不知山林險阻沮澤之形者不能行軍不用鄉導者不能得地利夫既知山林險阻沮澤之形矣而又必用鄉導者何也蓋知形者研究於平日鄉導則用之於臨時也臨時能得地利則勝敵而不爲敵所勝矣鴨綠江長白山屹如天塹婦孺皆知而變化無方出奇制勝仍存乎其人如高句驪三沃沮初皆倚鴨綠江以爲固及其衰也則投鞭可渡矣渤海遼金據有白山黑水之險自以爲莫如我何也不數傳而强敵入室矣顧祖禹之言曰起於西北者可以併東南而起於東南者又未嘗不可以併西北誠通論哉顧天時不如地利地利不如人和係探本窮源之論而富草澤英雄跨州連郡之初則又視地利之險要以決兵家之勝負蜀吳之爭荆州遼金之爭黄龍非其明證耶遼東一役日俄皆駐重於琿春而延吉之約日人遂攙竊據上遊爲高屋建瓴之勢地利所關豈淺鮮哉姑就本郡之險要約畧大凡膺閫外之權者果能觸類而旁通焉則幸甚盼甚

附錄通籌東三省邊防芻議

今天下大勢各省阽危而東三省尤形危急兩强交閧中立維艱譬如虎哮門外蜂起袖中雖賁育爲之驚走況孱且弱者其何能支傳有之曰疆埸之事慎守其一事至而戰洵爲千古篤論顧戰守猶後也其能戰能守之故尤在乎兵分而使之合地隔而使之通知斯二者方可與言戰可與言守東三省幅員遼闊計自奉省安東鴨綠江起至吉省東南之琿春東北之富克錦並黑省東北之愛渾西北之海拉爾一帶地方延長五千餘里地博兵單防不勝防顧兵無形也以敵人之形爲形如由鴨綠江泝流而上歷九連城渾江口帽安臨江等處又東至長白府又東至紅旗河入圖們江口處處與韓爲隣即與日爲隣此奉省東南邊務之宜籌者也由圖們江泝流而下至吉省東南之琿春迤邐而北而西歷綏芬河過杜字喀字界碑繞興凱湖北岸蜜山府再東至呢嗎廳又東北至富克錦直抵黑龍江與烏蘇里江合流之口皆毘連於俄此吉省東南

與東北邊務之宜籌者也由富克錦迤北至愛琿至海蘭泡又西折歷墨爾根之北之西越小興安嶺之南直抵海喇爾地方西控蒙疆北踞俄境此黑省東北與西北邊務之宜籌者也就各省沿邊形勢而權其輕重遠近必須層層佈置節節聯合分爲六重鎮輔以六後路前茅後勁以資接應奉省重鎮設長白長白踞鴨綠江上游正當白山南下之衝臨江其後路也西南則以安東爲重鎮安東水陸交通既可扼大東溝海軍之衝且以備日人由平壤而趨奉天之鐵道即以鳳凰城爲後路摩天嶺以北各軍均可聯絡一氣是爲奉省兩鎮防邊之兵吉省重鎮設琿春琿春距海蔘葳不過四百餘里西北利亞鐵路長驅直入東洋元山海艦朝發夕至實日俄交爭之界綏芬延吉兩府廳其後路也大西北之富克錦正當烏黑兩江交流之域東與俄海濱省提督行轅遙遙對峙添重鎮於此內以蔽松江之口岸外以捍烏黑兩江之上游呢嗎廳蜜山府其後路也是爲吉省兩鎮防邊之兵黑省重鎮設愛琿愛琿踞黑龍江右岸與

俄阿穆爾省會銜接江東卽利亞鐵軌經行之道最爲扼要之區墨爾根其後路也至西北海喇爾卽呼倫貝爾爲東清鐵道入黑省第一站西與外蒙古車臣汗部毘連目前雖形寥落嗣後必益繁昌設重鎭於此顯以防鐵路匪徒之嘯聚陰以制蒙奸通俄之狡謀卽以東南小興安嶺作爲後路或增設縣治或添駐防軍是爲黑省兩鎭防邊之兵就三省全局而論沿邊皆勁敵劃疆爲守猶須協力而謀乃能自立於兩大之間勢非統壹軍權別無上策擬請以琿春爲中堅安東爲左翼海喇爾爲右翼如犄角形是謂三大鎭中間如臨江長白綏芬富克錦海蘭泡墨爾根各路犄制仍以中左中右並兩翼左右之名統壹其事權畛域不分旌旗一色平時則查照陸軍部合演章程變通會操近者一季一會遠者兩季一會再遠一年一會邊軍會操最爲善策將帥相親可以明法兵丁素識可以和師跨山越嶺可以習勞四通八達可以出奇一旦有事羽檄交馳瞬息千里立赴戎機中權可以制勝兩翼悉聽指揮節制森嚴亦無尾

大不掉之虞自古用兵之道合則勝分則敗唐以九節度使而潰於相州明以四十萬兵而殲於薩爾滸是其明驗光緒三十三年特設陸軍一部將綜合全國之兵而歸於劃一若一省之內而猶各自爲風氣其何能軍軍權之必須統壹者職此之由案查設治卷宗東邊道一缺改爲興鳳兵備道長白海龍臨江二府一縣擬設道員一缺名曰臨長海兵備道業經

奏明在案現又奉到

督撫憲札開於宣統元年六月二十日具

奏議設琿春道綏芬府呢嗎廳各缺均已奉

旨依議各等因仰見我

上台籌備邊疆至周且密顧有邊吏而無邊將是以邊吏予敵也有邊將而無統一之權是以邊將予敵也有統一之權而不能精研地理練習操法是又以土地士卒予敵也故所擬劃分鎮路辦法果能次第施行尚須查照陸地測繪

章程飭令各軍測繪隊兵學生先將東三省沿邊形勢山川險要道里遠近詳細履勘繪具精審輿圖以便因地擇要佈置合宜尤爲籌邊入手要義顧亭林之言曰地輿不熟經濟不生韙哉是言也或曰重鎮宜設矣奈無欵何查東三省陸軍一鎮兩協巡防隊四十八營即就現在之軍分別調撥移駐要害授以防邊宗旨聯合地方巡警俾將帥兵民時時有大敵當前之危懼人人有枕戈待旦之精神較之久在內地駐防精練洋操而不知禦敵之形驟臨平原而不耐窮荒之苦豈不相去萬萬耶練已成之軍籌未來之餉復分派妥實幹員調查三省物產以木植爲上應如何砍伐銷售就地取材不竭不盡餉裕於森林次則邊荒應如何交通開墾地闢民聚有土有財餉裕於農業至於礦產雖富需欵較鉅祗此農林兩項與兵事相表裏林業尤兩全之始則招工伐木繼則以工爲兵終則驅兵於農一舉數善儲餉於不涸之源增兵於無形之地是爲籌欵之大宗而不然者無餉何兵無兵何國或又曰重兵在邊懼釀交涉按萬

國公例兩國交界惟槍彈能及之地不准建築砲臺增駐戰兵若屯邊而保治安固公例所不禁况籌辦木植山荒均關內政例有自主之權但須申明約束嚴禁私鬪暗行抵制毋涉張皇外人固不得干涉也抑猶有至要者總督一缺

國初專爲軍政而設整軍奮武是總督應有之權自日俄戰後內治外交頭緒紛繁就令精神百倍天下人而萬端蝟集勢難兼顧擬請將行政一切事宜分隸於三省

撫憲惟陸防各軍暨財政交涉三大端其權專歸

總督管理稽查提綱挈領循名責實精神既有專注內外自能交孚勵軍政而振

國威胥於此乎繫且就全局而論長春爲東三省樞紐日俄鉄軌南北横分據我

腹心肆其鴆毒陰謀詭計各不相下膺閫外之權者似應

駐節長春以資鎮攝居中調遣既可握各軍進退之權就近經業且以破兩大競爭之局委員曾攝篆斯郡正當兵燹之餘審機度勢竊以爲今日之長春如

後漢之荊州關繫形勝力爭先着即目前財力未逮亦將來軍政上之必須籌畫者也

玆謹將東三省邊防應設重鎮地址開列如左

奉省

安東　查安東在奉省之東南距省四百餘里日本平壤鐵路由安東而奉天而長春西扼大東溝海口東據鴨綠江下流北枕鳳凰城摩天嶺等處南與朝鮮義州毘連中日韓三國之民嘗集雜居實奉省之東一大都會也

臨江縣　光緒二十九年設治與韓岸中江洞相對西接通化　興京中隔老爺嶺現已開通名滂平嶺北通海龍柳河與擬設之撫松縣治中間岡嶺險絕倘須緊修東與長白府毗連由臨抵長東北岡駝道已開名龍華岡

長白府　自府西三百餘里之八道溝與臨江分界至二十三道溝沿江與韓國黑海口新加坡惠山鎮烟筒溝深浦里等處對岸角立擬設之安圖縣治

紅旗河以下之三江口與日本設有駐兵之石泰河左岸相接且紅旗河入圖們江口地方東北通琿春西北沿鴨綠江上源直抵長白山實奉吉兩省東南之屏藩附本部分防地方府西十二道溝　金華鎮　府東二十二道溝　鴨綠雙岔口長白山東三江口

吉省

琿春　琿春在吉省東南一千餘里南距圖們江東接海參崴俄國火車日單海艦皆當集於此西即延吉廳爲日本指爲間島地方舊有都統駐防現設琿春東南路兵備道與俄沿海州緊接實爲吉林延吉廳之外屏奉吉兩省邊疆之樞紐

綏芬　現設綏芬府緊靠綏芬河爲東清鉄路與西北利亞鉄路接軌之第一車站循鉄軌西上歷抵寗古塔哈爾濱等處西折而南直抵長春飛輪千里瞬息可至後代鉄路站口與山川關隘同一險要不可不備

延吉　延吉在長白山東北即我　朝鄂多里舊城爲東北形勝之區懸高

馭下撫西南之脊背緣龍岡而西則樺甸柳河海龍通化一帶無完土

國初收復輝發葉赫暨白山鴨綠諸部皆造攻於此

蜂蜜山　現設蜜山府南臨八百餘里之興凱湖西界咸豐十年議約所立之喀那喀馬各界碑查喀字碑原在卡倫提字碑原在河身已被俄人潛移別處守邊無人殊爲可慮東北與松阿察河呢嗎廳地方相接俄人詭計侵佔幾無終極

呢嗎　現設分防廳舊爲黑片達子部落鬍匪橫行逼近俄人車站如撓力溝穆稜河一帶內匪外寇交集於此尤關交涉

富克錦　現設富錦縣北控黑龍江南據烏蘇里西蔽松花江對岸卽俄東海濱省會駐有俄提督兵隊擊柝相聞實爲吉林東北一大關隘目前庫帑支絀暫設縣治將來尙須擴張其權以資抵禦

黑省

愛琿東隣黑龍江俄國西北利亞鐵路由阿穆爾省環轉而南直趨海參崴其東界爲鐵軌必由之境北有海蘭泡西隣墨爾根

墨爾根　國初吉林省會原設在墨爾根地方嗣因興安嶺劃歸俄人遂移駐齊齊哈爾即今省會就防邊論省會既移應駐重兵以爲愛琿之後勁

海喇爾　即呼倫貝爾因境內有呼倫貝爾兩湖故名舊有呼倫貝爾副都統光緒三十四年議設呼倫道並呼倫廳治在內興安嶺迤西與興東道劈嶺相依其中間咽喉尤在東清鉄路穿過之內興安嶺爲東西兩道亟須注重之地

內興安嶺　嶺名隨地互易東南爲隔索岳爾濟山東北爲伊額呼爾山西南爲雅克山並厄伯爾山皆其支脈綿亘千數里實黑省西北之屏障呼倫貝爾之後唇也

滿州里　里距海喇爾三百七八十里爲黑省西北極邊之地北連俄薩拜喀

勒省南控海喇河與呼倫池地雖荒僻正界俄蒙之交光緒三十年中日條約東三省開放商埠十六處海喇爾滿洲里皆在其內日人用意之深已可概見

長春府　府東距吉省二百四十餘里南至奉天北至哈爾濱輪車皆一日可達是爲陸路之要衝松花江在府東南由江道至伯都訥沿呼蘭城至佛斯亨山抱混同江口是爲水路之要衝咸豐八年已與俄定約准兩國民人在松花江行船同治七年又要求由松花江至伯都訥現延吉草約第六條內又載有吉長鉄路接展至延吉等語是爲日俄交注之要衝康熙年間於吉林創建船廠練習水師專爲備俄而設今日俄注視長春較吉省尤重松花江流域之險要如伯都訥哈爾濱三姓等處皆與長春爲犄角形實有密切之關繫籌東省防務者應以長春爲根據地而以松花江流域爲水路進軍之地以琿春延吉爲中路以安東爲右翼以愛琿爲左翼以奉天爲後盾此

其大畧形勢也至平時應如何佈置臨時應如何變通運用之妙存乎一心
是在爾閫權者因時因地以通其變耳

長白徵存錄

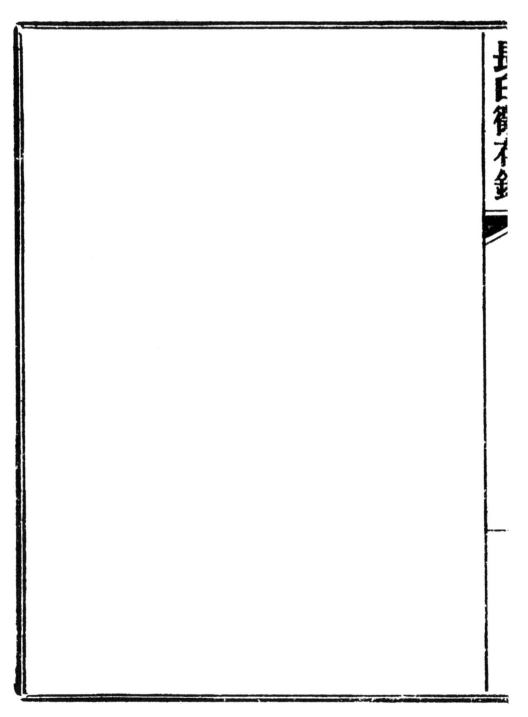

長白徵存錄卷四

風俗

總序

詩三百而列國風體三千而從民俗風俗者政教之原法制典章所由出也古者太史觀風遒人問俗因革損益精義存焉各國釐訂憲政皆以民間習慣為主習慣者即風俗所積而成故能參酌咸宜垂爲令典風俗所關顧不重歟長郡僻介東陲風俗人情與腹地迥殊即就一隅而論滄海變遷谷陵幻相風移俗易先後幾難同揆而人心樸茂地氣雄渾秉白山之孕鍾鴨水之靈扶輿磅礴之氣猶千載如一轍爲謹綴史乘所載與耳目所及列風俗門

弧矢　北方風氣剛勁振古如茲而東北尤勝長郡承肅慎遺風楛矢石砮歷夫餘新羅百濟之兵燹而此習未改揆厥原因日在深山大澤之中伍鹿豕耦虎豹非素嫻技藝無以自衛漢唐以降兵威不及東北諸部落紛爭角勝自爲風氣即以弧矢之優劣決部長之雄雌而民氣亦爲所轉移焉地勢使然也故遼金元崛起東陲遂挾其尚武之精神以統壹寰區洎乎我

朝

肇祖原皇帝遣攻於鄂多里城建都於赫圖阿拉以及

太祖高皇帝七恨興師大告武成於薩爾滸一戰類皆得力於騎射者居多厥後吉林軍以騎射雄天下南征西伐與有功焉今長白一帶採獵打牲之徒超越山林馳逐鳥獸靡不以騎射而以槍械顧其强悍驍勇之習猶有東海之雄風焉恭錄

御製詩二首

斐蘭

漢語榆柳小弓也小兒以榆柳爲弓莉蒿爲矢雞翎爲羽取以習射

榆柳彎弓弦縶絲剡莉作箭雉翎披壯行幼學率由舊蓬矢桑弧匪襲爲揖讓

豈知爭君子闓抨惟覺慣童兒曾聞肅慎稱遙貢可惜周人未解施闓抨闓音豈說文闓也抨音怦說文彃也射時用彃指鉤弦而抨拌之也

桑蓬弧矢擧惟男示有事胥自幼諳榆柳爲弓騂角未莉蒿作箭雉翎堪二三

卿士節權略日夕兒童戲以耽即此箕裘應共勗進之觀德更名談

按關鎖時代重文競爭時代重武皆古今帝王將相補偏救獘之樞東北幼

年子弟馳馬試劍習與性成遂養成健兒性格語云邊庭出名將誠篤論哉

讀

御製箕裘共勗進之觀德一聯想見

祖訓昭垂文武兼重

詒謀宏遠矣

廬舍　東山本部落故墟不宇不廬漢唐各書稱其倚山開戶穿穴披梯不無過甚之詞顧地溼天寒迄今如昔荊榛彌望矮屋蕭疏砌石爲基泥土爲牆架以木葺以草名曰窩鋪或曰窩棚剝樺皮爲壁爲蓋者曰樺皮房皆以土爲坑穴其內煴以火以禦潮溼刳中空之木豎簷外通坑洞引煙使出木上覆荊筐以避雪雨名曰呼蘭自遼金以迄

國初未之或易瓢瓦之製自今年設治始恭錄

御製詩六章

拉哈

漢語柱也綴麻以圬牆也扯哈牆壁之上據中豎柱以承梁左右留一孔出氣謂之咻木哈圖扯圖至今木把入山砍木如此式者甚多土人稱之曰馬架音同而字異

乘屋居閒事索綯經營婦子共勤勞禦寒塞向諸凡預施縵編麻要取牢出氣
天窗柱左右通煙土堡炕周遭室家幽館風猶在慙愧宮庭雉尾高
層層坯土砌爲牆綴以漚麻色帶黃婦織男耕斯室處幼學壯作舊風存底稱
鑿遁顏家閭漫喻操觚圬者王故俗公劉傳芮鞫九重此况慎毋忘
按于茅索綯幽岐故俗陶復陶穴芮鞫遺風而周家八百年基業實始於此
我
朝肇基長白垂三百年而盧旅之風如故也想我
列祖
列宗崛起東隅水山雪窟備歷艱辛卒能奠麗中原追踪豐鎬其草昧創業之艱超軼
千古讀
御製慙愧宮庭雉尾高九重此況慎毋忘兩句
宮闕巍峨猶存茅綯心思猗歟休哉洵與唐堯白屋夏禹卑宮後先媲美矣

呼蘭

漢語竈突也截中空之木豎於簷外與竈爐通以引煙外出今長白居民比

屋皆然

中空外直求材易緊爨晨炊利用均曲突徙薪誠上策焦頭爛額更何人確烟

土銼烹蒸便夜雨荊篚蓋覆頻却有千年遼海鶴驀疑華表化前身

幽岐家室壓爲遷時處恆依舊俗然水火每資卯昏戶爨炊常看引朝烟疏風

避雨安而穩直外通中樸且堅玉食寄言惟辟者莫忘陶復九章綿

按東山森林甲天下可稱木界省分凡物皆以木製呼蘭本引火之具而亦

以空木爲之其木材之盛已可概見炊爨得焦琴巨室求大木良材妙選不

擇地而生顧

御製曲突徙薪誠上策焦頭爛額更何人之句

九重闢門籲俊求材若渴之衷溢於言表現在烽火偪疆圻而邊才不數覯誦

此詩者感慨係之矣

周斐

漢語樺皮房也樺皮性堅而質柔歷久不壞最耐水霜土人蓋木房纔椽纏

簷皆用之

巢處遺風藉樺皮上簷倒壁總堪爲端誇不漏還勝瓦豈慮頻遷等奕棋甕牖

繩樞猶未備夏凉冬煖且相宜五侯第宅皇州遍芮鞠先型爾尚知

野處穴居傳易傳樺皮爲室鮮前聞風何而入雨何漏梅異其梁蘭巽芬占吉

簷頭鵲帶報防寒牆角鼠還藁稱名則古惟淳樸却匪斐然周尚文

按樺樹皮厚體輕覆屋不漏遂獸則移最便山居製實陋於板屋形更便於

韋室讀

御製芮鞠先型爾尚知却匪斐然周尚文兩句於崇實黜華之中隱寓刻桷丹

楹之戒現値門庭洞開競尚浮華視樺屋之舊制抑亦嬰然知儆矣

飲食　游牧部落羶腥牛乳不潔不精遼金以後稍知研求食物而調劑之品仍沿舊習和菜擣糜炙股烹脯聚族而食雖非茹毛飲血猶有汙樽抔飲之遺風爲今長白一帶居民穀食則米麥秫稻肉食則山羊野豬鹿脯麅脂以粱釀酒以豆爲油爲醬風猶近古嘗見有獲一豬一麞一鹿一熊而遠近山民席地聚食和以鹽劑以葱蒜薑辛盡歡而罷蓋山居野處之民與內地判若霄壤矣

按北盟錄載北方宴食有豬鹿兎雁饅頭炊餅白熟之類鋪滿几案油煮麪食以蜜塗拌名曰茶食以極肥豬肉或脂闊切大片置盤上插青葱三四莖名曰肉盤子我

朝入關以後飲食漸殊舊習而饅頭炊餅茶食肉盤之名猶傳播於民間東山之民尤近古風歟

太宗文皇登翔鳳樓

諭羣臣云若廢騎射寬衣大袖待他人割肉而後食與尙左手之人何異耶想見我

列祖
列宗宵旰憂勤雖
皇帝宗室猶割肉執匕以爲食其創業之艱實與公劉遷豳之始執豕用匏匪居匪
康後先媲美矣

衣服　東山服製承百濟新羅之舊尚白尚素尚潔禦寒則布袍革履作事則短衣輕裝自漢魏以來各有異同男子皮裘褐褲婦人布裙長襦皆質而不文金輿尤儉輿服志禁女眞人不得學南人衣裝慣涉奢華我
朝開國之初凡衣服之制均以便騎射崇儉樸爲宜近日邊徼窮氓不知古制無所謂服色也藍縷山林身則短衣足則烏喇首則皮帽髩髮先代衣冠習俗使然耳惟韓僑服制頗爲近古另詳韓僑風俗內恭錄
御製長甯寺恭瞻
太宗所始冠服詩二首

奕禩有志難爲視
冠服重瞻仰
聖靈應現吉祥雲作蓋千秋萬載護長甯
戎衣汗馬躬勞苦繼述常懷
列祖靈儉樸心欽發餘始微言那藉李邦甯
按我
朝
太祖高皇帝嘗冬獵遇雪撩衣而行侍衛等私語曰
上何所不有而惜一衣耶
太祖聞之笑曰吾豈爲無衣而惜之與其被雪霑濡何如鮮潔爲愈微物必惜汝等
正當取法耳
太祖躬行儉德永垂家法洎我

太宗文皇帝德纘闡衣德旋崇德元年

御翔鳳樓集諸王貝勒八旗大臣等而

諭之曰先時儒臣達海等有勸朕改滿洲衣冠效漢人服飾者朕不從試設爲比

喻如我輩於此聚集寬衣大袖左佩弓右挾矢忽遇碩翁科羅巴圖魯勞薩

挺身突入我等能禦之乎騎射不可廢寬衣大袖不可效

睿慮至深且遠矣乾隆十七年敬述此

諭立勒臥碑於箭亭錫示子孫臣庶遵守勿忘以故讀

御製全韻詩有云寬衣大袖坐勞薩忽挺身其孰能禦之何異尚左人

在朕定變更所以示子孫煌煌

祖訓昭世守應無俟臥碑勒箭亭乾隆壬申春

仰見

列祖

列聖勤求郅治法度詳明於服色一節尤從簡便不肯稍涉浮華今東山民人短衣皮鞾鞰鞴無華雖邊庭僻陋使然抑亦祖宗儉樸之風猶有存焉爾

器用　東山無陶器皆以木代粗笨異常不雕不鑿樸素而堅依然鴻荒之世刳木為舟剡木為耒故觀於東山之器用而益信古聖人開務成物之功良乎遠矣恭錄

御製詩

威呼

漢語小船也刳巨木為之兩平底圓唇銳尾長剡木為槳運棹甚靈土人謂之木槽

取諸渙卦合義經能艇評量此更輕刳木為舟剡木楫林中携往水中行飽帆空待吹風力柔櫓寧煩鬬水聲泥馬賒枯尤捷便恰如騎鯉遇琴生

遒胥閎室昔爲梁關國規模百務詳奢匪黃龍及青雀利資兩泛輿烟航製堅
質樸撥擕便圖底平舷坐起康何必樓船稱伐越威呼久矣武惟揚

按木槽之製自通化臨江以至長白凡渡江渡河皆用之小則以獨木爲之
可渡八九人大則併兩木槽平面釘以木板可渡車馬是因其制而變通者
也鴨綠江确多水猛舟楫難通去年長郡仿造鴨嘴船式創造大小江艚六
艘試行無阻再設法開修航路籌備江防

光緒三十四年

陸軍部咨商

東三省總督議開鴨綠江石确振興航業是又變通而擴張之者也現歐亞
列强均以水師戰艦角立爭雄顧
御製樓船伐越武惟揚之句當時觸物興懷聊動鼙鼓將帥之思今則對岸是敵
風帆牙檣益令人望洋而歎矣

賚婁

漢語匙也以木爲之長四寸曲柄豐末民間至今猶用之關俗然也

賀古惟稱以木爲曲長且穩進餐宜鼎中底用輕染指座裹應教笑朶頤無下

箸哉嗤彼箸有捄便矣藉兹匙膏泥坊底芹香處杜老居然得句時

有捄早是詠周雅異地同風古製存不改木爲非玉作常賚朝食與晡飧失時

巧計傳昭烈投處仙方訝葛元何似兩忘供日月大東四譜足村村

按羹匙微物也每飯必需於民何涉而於朝食晡飧之餘猶感周雅有捄之

詠己溺己飢上廑

宵旰敌大東小東之詩不作於

聖明之世矣猗歟休哉

施函

漢語木筩也斲木爲之釀酒盛水皆宜

誰云瓠落不中用虛受天然盤飧盛餴重纍消瀹鬲春甕石凍釀新醅早嘗
輕盈催人去何用修筩引水來可供甑甗謝梁欐孰非造物善栽培
枯木荒山那計年處中貯水借天然弗愁缾罄爲罍恥可佐樽盛用缶旋廚下
風無處落葉林邊兩倘憶鳴泉不材材際全其質善注南華二十篇

按以木爲筩以筩盛水盛酒亦東山常事耳而於天然虛受之器悟天下無
不中之材於瓶罍可供之時知造物有栽培之德搜羣材凝天命惟民生皆
於是乎繫
聖懷謙挹千載下如見之矣

法喇
漢語爬犂也似車無輪似榻無足覆馬駕牛利行冰雪冬春之間最宜
架木施箱質莫過數遙引重利人多氷天自喜行行坦雪嶺何煩嶽嶽峨峨
駕飛騰難試滑老牛緩步未妨蹉輦軒誠有輪輻飾人弗膺時奈若何

服牛乘馬取諸隨制器殊方未可移似塌似車行以便日氷日雪用皆宜孤蓬雖遜風帆疾峻坂無愁銜橛危太液㭬牀龍鳳飾椎輪大輅此堪思

按爬犁不宜平地一屆冬令鴨綠氷堅由安東通化臨江運貨至長白者皆用之碾氷踏雪軋軋有聲盡一日之力可行一百五十餘里運滿載之貨可裝一千二百餘斤東道不通利用此物不文不飾雖笨而堅讀

御製之詩體華軒輶轂當不如椎輪大輅之適於用也洋洋

聖謨昭茲來許躬親而目覩者益信此製之不虛

額林

漢語擱板也架木板於楣棟間置瓶盎奩篋諸器具以作几案櫃櫝之用

皮棡橫板當中廚家計精粗備設俱風閣欲投還忌器爵飛同置不妨觚篋間那識籌爲蛾几上常看皮是烏滄棲遺規恭儉儲風聲促使邇皇圖

橫施木板置棡棚家計精粗舉具陳菽粟爲文莫忘古雕幾作器漫求新寒衣

飢食務中婦耕九餘三廬主人吝爾後生勤數典更希寰宇普遐涪

按東山于役借宿田家窩鋪每見其榻棟之間鍋碗瓶罐皆横置木板上以代几案家計畢陳厨煙繚繞耕男饁婦鷄黍家風較諸僕僕道塗者實別有一般意味也謹

御製菽粟爲文莫忘古雕幾作器漫求新之句凡世之競奇鬥巧者亦當知所返矣

霞綳

漢語糠燈也蓬梗爲幹摶穀糠和膏傅之以代燈俗呼糠燈恭錄

御製詩兩首

蓬梗糠秕膏傅塗茅檐夜作每相需績麻乍可呼燈婢戰荬非關誚婦奴最愛

燄輝一室朗那辭烟染滿窗烏萬燈籠是田家物勤儉遺風與古符

摶糠塗梗傅之膏織日相資夜作勞土障萬燈應慚楧䮿頭風腦漫詩豪未知

勤讀鄰緊壁且佐服田胥索綯此日舊宮試燃者稱先何異土風操

按樺燈之製近日長郡尙不多覩惟東山地溼蚊多又有鞍蚊小而毒者俗喚小蚊每當盛暑之時飛繞山林受其嘬者面目皺歷行人每以碎布縫如帽形蒙其面名曰蚊帽農人則捻蓬蒿爲繩一頭如磬形燃以火煙飛裊裊一頭分兩股由額頰繫脛後且熏且耕初以爲戲詢之則熏避蚊毒也土人謂之蓬燈

羅丹

漢語鹿蹄腕骨也兒童婦女擲作戲具視偃仰爲勝負以薄圓石擊之名曰帕

格恭錄

御製詩兩首

投石軍中以戲稱手彈腕骨俗相仍得全四色方愉快何必三梟始絕勝閨秀爭能守爐火兒童敲遠賭寒氷無端勝負分憂喜璺鹿那知有許能

鹿腕骨非無用物以爲戲亦有時需中原漫喻人人逐一具遠看面面殊偶語何須較土木采名乍欲擬梟盧帕佫眞足方投石何用從來如此乎

按羅丹之戲今亦罕見惟有以骨爲箸以角爲架者時勢變遷戲具亦互異耳

豁山

漢語紙也夏秋擣敗苎楮絮漚之成毳纂爲紙堅韌如革謂之豁山恭錄

御製詩兩首

擣漚苎麻亦號牋粘窗寫牘用猶便百番徒訝銀光薄萬杵還輕越竹堅但取供書何貴巧便稱鋪玉詎能賢高麗鏡面尋常有愛此淸廉舊制傳

漚苎弗殊用敝麻以爲紙乃樸無華不知有漢蔡倫合漫數惟萊左伯嘉紀事傳音胥責實銷金鋪玉那求奢卷筒金粟常臨帖敢忘斯箴惜自嗟

按豁山製紙今亦不傳惟東山樺木性柔而堅好麻性棉而韌可以造紙高

鄉人有用之者華民無之

語言　歷代部族文字已失傳語言亦互異漢魏諸書所載夫餘挹婁百濟新羅各國語言謂有類秦語者謂有類漢語者謂有沿金遼舊稱者言靴語雜字音不免混淆土語方言方今向難考証我

太祖高皇帝創制國書精核詳明而所傳女眞字母一書早已散軼無存

特命儒臣巴克什等以滿蒙字音語音聯譯成文頒布國人究竟通曉者尚屬寥寥現長郡居民強半山東流寓半皆各操土音間有通高麗語者以與韓僑習處故也其習慣相沿之語會意諧聲亦有暗與古合者摘舉一二如左

牛官猪官

東由居民凡雇工收牛者謂之牛官牧猪者謂之猪官

按此官非官長之官即管理典守之謂也攷三國志夫餘國皆以六畜名官有馬加牛加豬加狗加等名如今蒙古典牛者曰和尼齊典馬者曰摩哩齊

與駿者曰特默齊此即周禮牛人犬人羊人獸人之制長郡兩堡皆山東人
移墾至此無所謂官亦無所謂國語也惟牧牛曰牛官牧猪曰猪官適與夫
餘牛加馬加等名先後相符加即家字之誤安圖撫松一帶凡會房會首有
職事者土人輒稱之曰正當家副當家與三國所載夫餘國凡邑落皆主屬
諸家有敵則諸加自戰下戶擔糧飲食之與會房情形大致相同會首稱正
副當家語雖俚俗亦即諸家之遺意但字音以訛傳訛習焉而不之察耳東
山皆夫餘百濟新羅之故墟相去數千百年語言之間不相沿而適相同者
此類是也風俗移人深且遠矣恭錄

御製夫餘國傳訂訛

近閱四庫全書内元郝經續後漢書所作夫餘國列傳其官有馬加牛加之名
訝其誕詭不經疑有舛誤因命館臣覆勘其說實本之後漢書及三國魏志夫
餘傳之文於是嘆范蔚宗陳壽之徒不識方言好奇逞妄疑誤後人而更惜郝

經之失於裁擇也其傳曰國以六畜名官有馬加牛加豬加狗加諸加別主四出道有敵諸加自戰下戶擔糧飲食之信如其言則所謂諸加者何所取義乎史稱夫餘善養牲則畜牧必蕃盛當各有官以主之猶今蒙古謂典羊之官曰和尼齊和尼者羊也典馬者曰摩哩齊摩哩者馬也典駝者曰特默齊特默者駝也皆因所牧之物以名其職特百官中之一二誌夫餘者必當時有知夫餘語之人譯其司馬司牛者爲馬家牛家遂訛爲馬加牛加正如周禮之有羊人犬人漢之有狗監耳若必以六畜名官寓相貶意則剡子所對少皞氏鳥名官爲鳥師而鳥名又何以稱乎蔚宗輩既訛家爲加又求其說而不得乃强爲之辭誠不值一噱總由晉宋間人與外域道里遼阻於一切音譯素所不通遂若越人視秦人之肥瘠率憑耳食爲傳會甚至借惡詞醜說以肆其詆毁之私可鄙孰甚且蔚宗以附彭城王義康謀反伏誅陳壽索米爲人作佳傳其人皆不足取其言又何足據第後漢書三國志久經刊行舊文難以更易因命於續

後漢書中改加爲家並爲訂其譌謬如右

附錄滿州源流攷按語

謹按馬加牛加之說始於范蔚宗陳壽歷代史志襲謬承訛至郝經續後漢書猶沿用之蓋當時音譯未通曲爲傅會更千百年未有能知其妄者恭讀

御製夫餘國傳訂訛指加爲家字之誤近例之蒙古典羊典馬之官遠徵諸周禮羊人犬人之掌設官分職至理所存古今一揆也蔚宗輩之貽誤後人蓋非淺鮮矣臣等敬錄冠簡端以示萬世折衷之準其自後漢以下諸書凡有關夫餘事實者仍以次條列云

按夫餘國傳訂訛及誠謀英勇公阿桂等按語均據周禮與蒙古官名駁范蔚宗陳壽著書之謬考覈精確直使范陳兩賊愧煞九原今據東山牛官猪官及會房正副當家之稱雖係鄉間諺語實足與古制相發明益信

聖學宏博超越漢唐矣

宗教　東山無宗教孔教包羅萬有不以宗教名天主耶穌回回喇嘛等教亦未延蔓東土惟在禮者居多其教以不飲酒不吸煙爲宗旨類皆由直隸天津流傳至此詢其所供奉者則尹老先師與白衣大士其符呪者則觀世音菩薩尹老先師即關尹子道家者流薩者濟也菩者覺也能覺悟一切濟障而逃入於禪釋家者流惟在禮二字費解恐傳斯教者椎魯無識謬舛滋多茲查其經揭所載援古證今辯如左

按中土三大教曰儒曰釋曰道以孔孟爲宗釋祖佛道祖老老子乘青牛過函谷關教遂流於西土佛則隱姓名不傳而天竺諸國其教盛行並延蔓於歐西新疆甘肅之回回西洋之天主耶穌皆佛老之支派也耶穌（以活人贖罪爲宗旨）本乎天主天主本乎摩西（以孝與主禁偶像爲宗旨以敬父母不殺人禁姦淫偷竊妄証貪婪爲教例）摩西本乎猶太猶太之教遍近佛老一以存眞祝福爲主至回部穆罕麥德崛起於耶穌五百七十年之後力持一主創造天地萬物主外無主之說與天耶兩教名異實同惟回

經所載二天使（一曰們克耳一曰那克耳）末日復活杖頭超魂之論誕妄異常遂至變本加厲以刀劍爲天堂地獄之管鑰而殺伐之機潜伏於無像無形之内是佛老之教至穆罕麥德之說興而宗旨一變漢興崇信黃老張角等假黃老之名符水療疾病禍天蠱人心與回回教有相同者明之徐鴻儒嘉慶年間之李文成林清等均以八卦邪教又改名天理教糾衆倡亂而黃巾白蓮之禍遂流毒於無窮是佛老之教至張徐林李之徒起而宗旨又一變道德之後流爲刑名因委窮源歷驗不爽三韓百濟新羅故俗拜天拜日月拜星辰與歐西宗教大致相同今長白一帶雖屬三韓百濟新羅之故墟而此習已革祗有在禮一教無論男婦服從者十之八九詢其原因祗擬戒酒戒烟不作惡事至此教之宗旨若何流弊若何彼固不得而知也第就其經揭而論所稱元關九竅輪迴三皈各等語似又調停於佛老之間而其傳教之徒又斤斤以戒貪戒淫戒酒肉爲超地獄而昇天堂之梯級仍墮入於猶太回回之魔

障礙之各項宗教論禍福不論道理故流弊滋多孔孟之教以道理爲主而禍福因果置之不論故行至千百年而永無弊此釋道所以不及儒宗萬萬也

祭祀　舊俗崇信鬼神設祭之時歌舞飲酒晝夜不休尤好祀山神遇有盟會必先祀山谷之神而後歃血此俗至今猶存每出遊至深山絕澗類皆架木板爲小廟廟前豎木爲杆縣彩布置香爐供山神位亦有供老把頭者大約因山多猛獸所神靈以呵護之也鄉俗信神固無足怪

按東俗敬山神在三韓百濟新羅時代已有此俗沿及今日窮山邃谷之中比比皆是長白有王姓名誠者由山東到長三十餘年擒虎七未爲所噬年近古稀無家無妻子以墾荒餘貲自修小廟一座世俗信山神即此已可概見查山神之封始於金大定十二年封長白山神爲興國靈應王明昌四年又封爲開天宏聖帝我

勅康熙十六年冊封爲長白山之神自此以後民間相沿成風而山神之祀遂徧

東山矣

職作　東山草昧陵谷溝塹險阻異常土人不重耕織以木植爲上採獲次之打牲又次之凡倚此爲業者均謂之山利樂即樂其樂而利其利之謂也此外則釀秫酒榨豆油漚麻爲繩割皮爲鞋刨細辛劙木耳亦東民之職業也

按食爲民天大利歸農民豈不重五穀無奈草木鴻荒稼穡維艱爲東山計振林業以鋤木障則山荒可闢矣招商民以興工藝則利權在握矣參茸皮張以及各項物品精粗備具一加製造利益無窮以東山之物產而參考管子牧馬高山諸篇並漢書食貨志史記貨殖傳因時因地取精用宏使小民之職業日進於完全天地之菁英不棄於甌脫讀

御製盛京土產雜詠十二首（詳物產一門）循環盥誦益信白山綠水生殖繁昌足與部室生民幽風流火騰光史策矣

增錄土風兩條

小兒臥具

按臥具刳木爲之兩頭圓形微窄而仰中腰微寬約長二尺許如匣式漆其表繩其兩端繫梁上置小兒於其中啼則以手推之如鞦韆余由奉赴長沿途尖宿每見婦女績女紅時小兒呱呱輒抱之以置臥具初以爲戲問之土人亦曰此戲具也恐妨女紅耳余亦不之察及讀

御製三韓訂謬篇乃知

國初舊俗兒生數日即置臥具命兒仰寢其中久而腦骨自平頭形似扁此爲遼東之習慣藉以矯漢人側臥頭狹蒙人束帶殷箕之弊並非徒爲戲具而設也又查後漢書三韓傳稱辰韓人兒生欲令頭扁皆押之以石其說本誕妄不經宜乎

御製之駁其謬也有學問無閲歷識必不通有閲歷無學問語必不雅臥具其一

端耳

楛矢石砮

按肅慎氏楛矢石砮之風自周至魏晉時猶馳名於史冊說文楛木也禹貢惟箘簵楛三邦底貢厥石註楛中弓幹以楛爲矢取其堅也義無可疑獨以石爲砮石性雖堅而脆何以砮爲反覆求之不得其解徧查諸書亦略而不詳惟吳漢槎兆騫甯古塔記有云石砮出混同江相傳松脂入水千年所化厥色青紺厥理如木厥堅過鐵石土人以之礪刃知爲肅慎砮矢之遺攜歸京師贈友人王士禎載之池北偶談由此觀之格物之功非親驗其物終難深明其理也天下間無物不有如此類者甚多百聞不如一見其信然歟

附錄韓僑風俗

序

朝鮮國自我

太祖高皇帝薩爾滸一戰告成朝鮮都元帥姜功烈率所部詣降

太祖優禮賜宴士卒悉留贍養是爲韓人僑寓東山之始沿及康熙年間韓國窮黎之

在惠山茂山等處者越江結舍墾田絡繹來往

仁廟訐謀遠識眷注邊陲於是乎有穆克登查邊之役旋因朝鮮接伴使樸權李善溥

等百端尼阻致令築土聚石樹栅之議卒成懸案嗣後越墾者日益加多長白

山南北區域雖在奉

旨封禁之列奈守邊之吏鞭長莫及其潛移越墾者防不勝防直至光緒初年吉

林將軍銘安督辦邊務吳大澂奏准將韓國墾民分隸琿春敦化管轄韓王又

奏懇刷還流民奉

旨準予限一年以示體恤此議果行斬去多少葛藤乃未幾而光緒九年韓經略魚允中混指豆滿圖們爲兩江冀稱緩刷民之令又十一年而朝鮮安邊府使李重夏又擬指長白山東石乙水爲界而刷還韓民之說更置爲緩圖此韓僑佔居華界者所以日多一日也光緒二十五年中韓條約第十二款內載有邊民已經越墾者聽其安業俾保性命財産以後如有潛越邊界者彼此均應禁止以免滋生事端等語自此次訂約後韓僑在鴨江右岸者遂相生相習與華民以耕以佃耦居無猜願仍操土音而沿舊俗身居中土籍隸韓邦現又韓誣於日滋出無窮交涉之案不得謂非

朝廷字小之恩以至此極也茲姑將韓僑風俗附錄如左

房舍　架木結茅就地爲炕牆壁皆木門戶不分戶外無院落屋內無棹櫈牛馬同居臭穢逼人華民特名之曰高麗窩鋪

飲食　嗜酒喜肉食無遠志不務儲蓄爲牛爲馬爲奴隸稍有餘貲輒飽口腹米

粥皆粗糲尤嗜冷食牛羊野獸不擇而食生腥所弗計也脾胃之壯過於華人

衣服　平民衣服皆白小兒或紅或綠衣博而短襲衣更小婦人着白布裙以兩幅圍腰間無論男女皆白巾纏頭有戴紗眼帽者以馬尾製之高聳玲瓏價頗昂非儒即醫或風憲與代表人其品級然也

器用　編柳爲筐鑿木爲筩農具極粗拙利於山田不利平地惟鎌鈎與鋼斧最利以備斬伐柴薪之用至於銅盂瓦缶皆樸而堅制頗古運物則以牛以馬爲爬犁否則男負以背女頂於首肩挑者少

語言　漢書謂辰韓人名國爲邦弓爲弧賊爲寇行酒爲行觴相別爲徒諸如此類義旨相同其里塾所讀皆孔孟書願文雖同而語言不相習祇可筆談

禮儀　拜謁之禮以兩手據地爲敬婚葬俱用歌舞親喪腰繫麻帶三年內每食設主致祭婚姻則指腹以定男未婚則披髮滿頭婚則束之如髻形女未嫁則以衣遮乳嫁則兩乳垂露而知爲已嫁娘也宴賓以酒敬老以肉饋送以鷄鴨

魚爲禮綽有古風

職作　凡居華界者非傭工即佃戶耕漁獵牧別無生業

按朝鮮承箕子遺教俗尚白夫餘百濟新羅時代此俗未革金遼以後稍趨浮華而朝鮮人如故也飲食起居一以質樸爲主性憰鄙吝民智不開初以爲山居野處地勢使然旋有自鍾城穩城會甯府來者亦大畧相同自肅愼氏以來朝鮮一國率皆依附列强而無自主之權良有以哉

長白徵存錄卷五

物產

總序

周禮草人掌土化之法以物地相其宜而爲之種所以物土宜而興農業也司虣掌憲市之禁令凡鬬囂者擾亂者出入相陵犯者皆禁之所以嚴搏戮而保民生也國之貧富在民民之貧富在物物之盛衰在地東三省地博物饒甲於各省而長郡孕白山之精浥鴨江之秀嘉禾異種珍禽奇獸簇簇甡甡取精用宏固有葩經所不及載禹貢所不及詳者管子之治齊也富强冠列邦論者推爲天下才究其牧民之策固本之謀仍兢兢於藝五穀樹桑麻育六畜備瓜瓠葷菜竭天地自然之利儲國家於不涸之源以是知動物植物相生相長於山林之間舍之則爲害取之則爲利其有關於國計民生者至繁且備也列物產門

植物卷上

穀類

麥　麥類分大麥小麥小麥名來又作䅘爾雅小麥䅘廣雅來小麥也本草麥字從來從夂來象其實夂象其根苗初生如韭長成似稻高二三尺實居殼中生時色青熟時色黃大麥亦名牟爾雅大麥麰廣雅牟大麥也本草麥之苗粒大於來故得大名牟亦大也莖葉與小麥相似但莖微粗葉微大殼與粒相黏未易脫小麥磨麪爲用甚廣大麥本質少纖均以秋種夏熟方佳亦有春種夏穫者長白地氣極寒冬春地凍不生活春末夏初方可播種秋末成熟麥麪不如內地本境種小麥者多

粟　粟粱屬名曰穀脫殼名曰小米普通食品稈高三四尺中空有節葉似蘆穗似蒲顆粒成簇種色甚夥有宜早宜晚之分長郡種穀不分早晚夏種秋熟苗碩大收穫頗豐

蜀黍　一名蜀秫種自蜀來故以蜀名其黏者近秫故借名爲秫又名高粱亦粱屬高只大也莖高丈餘狀似蘆荻而內實穗大如帚粒大如椒殼有紅白各色米性堅實而不精細農政全書謂蜀黍於五穀中爲下品不宜麥禾者乃種之長郡種此者多用以釀酒或飼畜牲

玉蜀黍　一名玉高粱一名戎麥一名御麥幹葉與蜀黍相類但肥而矮苗心直上開花成穗節間別出一苞如櫻魚形苞折子見顆顆攢簇子粒如芡實大而瑩白磨麪可作餅餌並可煮飯作粥土人名爲包米亦曰玉米此物最宜北地爲遼東食物大宗長郡居民家家蓄積

黍　黍者暑也待暑而生暑後乃成也一名秬一名秠有黃白黎三色米較粟微大北人呼爲黃米其性黏其味甜可煮粥可釀酒作飴糖孟子云五穀不生惟黍生之最宜長郡收穫較早

稻　稻有紫芒稻赤芒稻青芋稻蓋下白稻梗之紅白大小不同芒之有無長短

不同米之堅鬆軟硬不同性之溫凉寒熱不同味之香甜濃淡不同北稻凉南稻溫赤稻熟白稻寒又有水種旱種兩大區別本境多旱種其種色有來自關內者有購自高麗者米尚潔白較南方佳種不及遠甚

蕎麥　一名烏麥一名荍麥一名花麥莖色紅青翹然而蓬茂開小白花甚繁密花落結實形成三稜嫩時色青老時則烏黑去其殼可磨作麪但色黑而膩遜於小麥麪云

稗　本草稗乃禾之卑賤者故字從卑陳藏器曰稗有二種一黃白色一紫黑色北人呼爲烏禾爾雅稗與稊二物也皆有米而細小按稗亦粟屬苗葉似稌子稍頭出扁穗結子如黍粒味微苦每一斗出米三升水旱皆宜足救荒歲

豆　羣芳譜豆者莢穀之總名也約有數種曰黃豆綠豆黑豆豇豆豌豆可食可醬可豉可腐榨取豆油以佐食有令其生芽充菜者名曰豆芽按豆類皆蔓生莖葉蔓延葉圓有尖開花成簇結莢有大小熟而折之播其莢豆乃出遼東以

豆爲大宗本境種黃豆者實占多數

菜蔬類

蘿蔔　一名萊服有長圓兩種紅白青紫各色莖高尺餘葉大如掌皆可採食根蒂所結方爲蘿蔔可生可熟可菹可醬味辛甘食含水質鹽漬之可製爲醬其汁可取作糖乃蔬中之易生而用廣者開黃花結子粒如芥長郡蘿蔔形橢圓且碩大但性辣質硬土人云地脈使然

白菜　一名菘有春菘有晚菘本草最肥大者曰牛肚菘凌冬不彫四時常有根盤結不可食莖扁而厚葉薄大拱抱高矮不等高大者一株可數十觔本境白菜莖葉粗大味亦濃厚其脆嫩不及內地

蔓菁　一名蕪菁一名葑一名須根大而白莖葉一如蘿蔔味辛含甜質食用與蘿蔔同

茄子　株幹高三四尺葉大如掌開紫花有蒂萼包爲茄茄大有瓢瓢有子生熟

皆可食有紫靑白各色紫者形圓而小殊鮮嫩靑白者形長而大不及紫色之美王氏農書一種渤海茄色白而實堅最肥大本境所種形長大而色白種與渤海茄相類

南瓜　附地蔓生莖麤而空葉大而綠引蔓甚繁一蔓可延十餘丈節節有根近地即著開黃花結瓜有花而不實者其結實者先實後花花後而瓜益長大大者可十數觔煮飯作羹味甜淡不可生食種出南番故又名番瓜

北瓜　一名倭瓜蔓生形類哈密種自倭國來故名長白此瓜最多食用與南瓜同

黃瓜　一名胡瓜張騫使西域得來此種故名又名王瓜以其爲瓜中之首見者也蔓生莖葉類南瓜而柔細開小黃花瓜形橢長附瓜有刺如針質脆嫩多汁柴瓜有長數寸者有長一二尺者愈小而味愈佳長屬地寒發生較遲味仍脆美生食熟食皆可並可用鹽漬留以御冬

絲瓜　通雅架而垂生莖細葉絲瓜長尺餘名曰紡絲瓜按本境此瓜有長至三四尺可熟時不可生食

菜瓜　北方名苦瓜蔓生瓜味淡脆可入菜品色青而形長有白紋界之如溜並可生食

冬瓜　俗名東瓜蔓生經霜後皮白如粉塗故本草亦名白瓜亦菜瓜之類也

葱　一名芤本草草中有孔故字從孔初生曰葱針葉曰葱青衣曰葱袍莖曰葱白根曰葱鬚清異錄云葱名和事草言用以調和衆味若藥劑中多用甘草以和解之也味辛無毒爲用甚廣長屬所產較齊豫諸省其味少遜

韭　說文一種而久種因謂之韭象形在一之上一者地也又名嬾人菜以其不須歲種故名叢生豐本長葉青翠莖名韭白根名韭黃花名韭菁均可食其味辛其性溫補長白韭甚肥大皆夏種秋食冬則根死地寒故也

芥　芥菜味辣可作俎冬月食者呼爲臘菜俗名辣菜性溫無毒莖葉似菘而有

毛花黃而味香子小而色紫根葉皆可食子粒可研末泡爲芥醬

蒜　一名葫以來自番中又稱胡蒜栽種苗生葉如蘭莖如葱根盤結分瓣如水仙苗心起苔名曰蒜苔皆可食味辛解毒有百益而不利於眼食多者恒得眼疾

菠菜　一名菠斯草一名赤根菜一名鸚鵡菜莖柔脆中空葉細膩直出一尖傍出兩尖似鼓子花葉之狀而稍長大色甚綠而味頗清腴愈嫩愈佳老則由中心起苔高尺餘開碎白花叢簇不顯而分雄雌者結實有刺狀如蒺藜雄者不結實此物至南省經霜雪味尤美長地苦寒諸物不能耐冬

蒝荽　許氏說文荽作葰本草云即香荽又名胡荽莖青而柔葉細而花根軟多鬚味清香可通心竅和脾胃大有將之作用

薇　一名野豌豆一名大巢菜本草項氏曰巢菜有大小二種大者即薇乃野豌豆之不實者爾雅薇垂水注生於水邊疏似藿羣芳譜生麥田及原隰中按薇

菜莖葉氣味皆似豌豆作蔬入羹皆宜

蕨　陸璣詩疏山菜也周秦曰蕨齊魯曰蜱蟞雅狀如大雀拳足又如其足之蹶也故謂之蕨俗云初生亦類鼈脚故曰鼈長白山中處處有之初生時拳曲狀如兒拳長則寬展如雉尾高三四尺莖嫩時無葉採來加以熱湯去其涎滑曬乾作蔬味甘滑肉煮甚美鹽醋拌食亦佳其根色微紫類薇而細亦救荒之野菜也

同蒿　一名蓬蒿以形氣相同故名莖葉肥綠甘脆滑膩起苔高一二尺餘開花深黃色狀如單瓣菊花一花結子百十粒成毬宜水地最易繁茂

芹　一名水英一名楚葵爾雅楚葵注今水中芹菜羣芳譜有水芹旱芹水芹生江湖陂澤之涯旱芹生平地有赤白二種本境芹菜多生山上土人呼爲野芹其苗滑澤其莖有節有稜而中空其葉對節而生採取用鹽醋拌食最佳氣清芬酬人眉目解鬱悶之氣乃菜中之雅品也

地豆　一名朱藷一名番藷羣芳譜所謂甘藷是也蔓生莖葉延十數丈節節生根其根撲地如山藥甘芋之類形圓而長肉紫皮白質理膩潤氣味甘滑可以益氣力健脾胃此物耐寒易生遼東種者極多土人用以煮飯及蒸食名爲地豆從俗也

披辣　莖葉與蘿蔔等而紛披撲地不可食可食者惟根形圓色白味辣質硬不及蘿蔔之甘脆土名披辣或即蕪菁之別種歟

雲豆　蔓生開紫花結莢長者至四五寸嫩時炒食煮食均可子色黎黑而大如拇指煮飯食甚美較扁豆眉豆之屬肥而大土人名爲雲豆亦不知種自何來拾遺記樂浪之東有融澤生挾劍豆其莢形似人挾劍橫斜而生羣芳譜謂挾劍豆即刀豆長白古樂浪所產雲豆故類此

瓜果類

西瓜　蔓生葉尖而花花後結實味甘多液胡嶠陷虜記云嶠征回紇得此種故

名西瓜本草云可解暑氣故夏令人多食之有用其皮瓤醃入醬豉中味殊甘美瓜子亦果品以子大而仁滿者佳長白節候不齊熟時已及秋中形質較內省少小而味亦稍遜云

甜瓜　一名甘瓜性寒滑不宜多食以甜而脆者爲佳可生食未能熟食亦蔓生莖葉與黃瓜相彷

松子　本草蘇頌曰松歲久則實中原雖有不及塞上之佳馬志曰海松子狀如小栗三角其仁香美東夷當果食李時珍曰海松子出遼東及雲南其樹與中國松樹相同惟五葉一叢者毬內結子如巴豆大而有三稜至馬志謂如小栗殊失本體按長白松樹樹極多而結子頗少土人云惟紅松結子形如蓮子仁極香脆

榛子　樹低小如荊叢生而枝幹疏落實頗堅硬開花如櫟花成條下垂長二三尺葉之狀如櫻桃多皺文邊有細齒子形如栗子殼厚而堅仁白而脆味甘香

無毒其皮軟者其中空諺曰十榛九空長白盛產此味每歲三倍於松子

山梨　野生即詩所謂甘棠也北人謂之杜梨南人謂棠梨爾雅注疏云其在山之名曰樆人植曰梨長白此樹多生山上土人謂之山梨其樹如梨而小葉似榛子葉而大亦有圓者三叉者邊皆有鋸齒色黲白結實如楝子霜後可食但味頗酸澀少汁且梨小而子大此其野生之本質然也如用佳種接之當可化莠爲良云

木類

松　群芳譜松百木之長猶公故字從公磥砢多節盤根樛枝皮粗厚望之如龍鱗四時常青不改柯葉三針者爲栝子松七針者爲果松又有赤松白松鹿尾松秉性尤異按長境森林松居多數土人象形命名率無所考然皆具有取義其色黃而有文者謂之黃花松色白而有光彩者謂之白松膠多味惡名爲臭松質堅色赤名爲紅松最上等而少見者爲石砬中所出抱松此松堅硬如金

石有紋盤旋如刺繡其枝曲其針短其體幹微小不過拱把之大蓋生於嵯峨山半間爲巉巖怪石所障蔽鬱不得伸如梏如槁如死灰幾無生理仰賴春雨秋陽之涵滋發而爲偃蹇奇特之靈質名爲抱松取其爲山石拱抱曠世挺生而非木之本性也此外如棵松沙松赤柏松魚鱗松五葉二葉各松皮相懸擬名色亦別云

柞　釋名即鑿木以其木堅細可爲鑿柄陳藏器曰柞木生南方今之作梳者是也李時珍曰此木山中往往有之高者數丈其木及葉皆針刺經冬不彫五月開碎白花不結子木理堅細色微白皮味苦辛無毒入藥品長地此木高十數丈大而且多松樹之外柞木占一部分焉

椴　皮厚質堅葉最大有類團扇者羣芳譜云其皮可以當麻取製魚網牢固異常本境椴木大者數圍其作用不亞於松有用皮葺房以代瓦者

樺　樺木似山桃皮上有紫黑花可燃作燭炬樺古作檴李時珍云畫工以皮燒

燂熏紙又云樺木生遼東及臨洮諸地其木色黃有小斑點皮厚而輕匠家用襯鞾裏及刀靶之類謂之煖皮其皮并可入藥品性溫煖無毒

楸　本草李時珍曰即梓之大者也生山谷間與梓樹本同末異爾雅椅梓郭璞注即楸也詩云北山有楰陸璣注疏謂楰即楸江東人謂之虎梓或謂苦楸齊民要術以白色有角者爲角楸又名子楸黃色無子爲椅楸又名荊黃楸俱以子之有無爲別按此樹長白土人名刺楸皮色黃白上有斑點高十數丈木溼時甚脆乾時則堅可爲什器

榆　一名零本草榆莢飄零故曰零榆一名藲莖爾雅注即今之刺榆羣芳譜榆有數種今人不能別惟知莢榆白榆刺榆榔榆而已其木堅細未葉時枝上生瘤纍纍成串及開則爲榆莢嫩時色青老時色白形圓如小錢故又名榆錢中有仁微苦葉長尖似山茱萸葉長地榆樹枝幹灣曲無甚偉大者

柳　本草柳一名小楊一名楊柳陳藏器曰江東人通名楊柳北人都不言楊李

時珍曰楊枝硬而揚起故謂之楊柳枝弱而垂流故謂之柳蓋一物而二種也按柳樹易生之木折枝植地顛倒皆生俗云倒植則枝條下垂謂之楊柳亦不盡然其樹於天氣稍煖則生柔蕤層層鱗起如粟之附穗老則敗落散而爲絮性質宜水不耐乾燥木理細膩柔脆未能經久蓋其生長最速故也長地嚴寒木質之堅不及南省柳質尤遜

黃楊　木質細緻頗難生長每歲只長一寸閏月年反縮一寸謂之厄閏爾雅謂桐與茨菰皆厄閏不獨黃楊其葉圓大而有尖光潤而厚色青微黃未葉先花纍然如柳絮但長大色成紅紫其老而落也亦如柳絮之弱不禁風羣芳譜云取楊木應於陰晦夜無一星時取之木方不裂本草楊木堅細作梳刻印最良

抱馬子樹　木理堅硬入土不朽以火炙之砰然有聲如爆竹葉似桃柳葉色微黑土人謂其葉味香微苦可作茶曰抱馬子亦從俗名之也

荊　本草杜荊又名黃荊又名小荊李時珍曰古者刑杖用荊故字從刑按荊叢

生而疏作科不作蔓枝節堅勁葉如麻開花成穗紅紫色結子如胡荽子落地即生多有採荊作薪者詩云錯薪束楚即此也

棘　棘心赤而外有刺其刺有直者有彎曲成鈎者枝幹花葉俱如棗結實形圓而小味甘而酸俗名酸棗叢生成科其木頗堅長境多山此物最夥耳但屈曲未易成材山間陌上往往有之

夜光木　樹老根朽水浸之久夜則有光土人謂之夜光木或曰雷擊木潮溼處多有之河邊尤夥

花類

冰花　地凍初開天氣稍煖此花翹楚擧芳挺然開放單瓣短鬚狀類杭菊赤日當午則槁早晚獨盛爲時不久未見其子其根盤結多毛莖色青紫高五六寸弱不禁風長境盛產此花土人名爲冰凌花按與欵冬花之賦性相同而形質異

長白徵存錄

淡泊花　花容雅淡似黃似白五瓣叢生微有幽香根深尺許莖細如針花謝後即爲衆草所沒隱約難窺矣

紫囊　草本叢生葉大而尖花色紫而中空如囊大如雞卵微有皺文上有口口上有一瓣倒覆口旁復列兩小瓣如牙花心吐一蕊如舌纍纍下垂耐久無香又一種開花如豇豆殼形亦似之

青袋　花形長方中空如袋每莖數花大如拇指最嬌嫩折之則槁根短小而莖高二三尺亦草本之奇品也

野丁香　長地多丁香酷類丁香而香味稍薄由於天然故名曰野

山梨花　即杜梨結實入果品花白而香多生山畔但枝幹短小未見高大成材者

芍藥　葉似牡丹而狹長開花有紅黃紫數色劉攽芍藥譜云花之紅葉黃腰者號金帶圍崔豹古今注云芍藥有二種有草芍藥木芍藥按本境野生草本花

單薄而色多粉白仲夏始開抑遼東地氣使然耳

玫瑰　灌生細葉莖紫色多刺花類薔而色淡紫青蘂黃蕊嬌豔芬芳花謝後結實如海棠果皮薄子多味甘稍澁按本境野生質味雖不及內地美山陽水淀在在多有如採取以製糖製油製胰皂之屬亦當居出產之一紛紛墮地長人無掇取者惜哉

山丹花　一名紅百合即百合之類也但其根體小而瓣少味不甚純其葉長尖頗似柳葉開紅花六出無香按羣芳譜云百合有三種苗高二尺幹粗如箭葉生四面如雞距開白花長五寸許六出四垂其根如蒜瓣而味甘膩者百合也一種幹高四五尺開紅花帶黃上有黑斑點花瓣反捲葉形長尖根亦似百合而不堪食用者名為卷丹與本草所載山丹一種相類本境所出長人呼為百合亦取其色相耳

步步登高花　花如雞爪色紅而豔葉長尖旁有鋸齒莖長尺許則開花花謝後

莖由花心復出稍高則開花仍舊花萎莖生莖長花放待莖高數尺而花亦積
開五六層矣至秋則結子如芥以此命名亦從俗之稱也

草類

烏拉草　蓬勃叢生高二三尺有筋無節異常綿軟凡穿烏拉鞋者將草錘熟墊
藉其內冬夏溫涼得當故諺語云關東有三寶人蔘貂皮烏拉草其功用與棉
絮同土人珍重之遼東一帶率產此草出自白山左近者尤佳

安春香　莖高尺許葉似柳葉供香可供祭祀俗呼安息香生山岩潔淨處產長
白山上者尤異

七里香　枝葉似安春香惟葉大而厚生於長白山上別處無所見

倒根草　白山左近溝渠中有草紅色根浮水上葉褊而長在水下名倒根草長
人謂性溫行血分治紅白痢並一切吐瀉等症此草尚待研究未敢列入藥品

松香草　味香研爲末配做香料可敵藏香之味產東山一帶烏拉總管每年照

例入貢

通煙袋草　節細而長性綿而直吸煙草者藉以通袋管故名長人名為通煙袋

草

動物類

鳥族

鴻　即鴈也以其多集江渚故曰鴻鴻字從江從鳥詩疏云小曰鴈大曰鴻鴻者大也狀似鵝而羽翮疏長善飛遍身漆黑如烏漢唐書載有五色鴈今則罕見之按師曠禽經鳱鴈張華注云皆音鴈冬則適南集於水干故字從干春則向北集於山岸故字從岸鴈為陽鳥冬南翔夏北徂皆從陽也故孳育於北而終年飛振不休古人象以為媒禮教奠鴈今則否

鵠

鵠鳴聲咭咭故謂之鵠大於鴈羽毛白澤其翔極高所謂鵠不浴而白一舉千里者是也李時珍曰有黃鵠丹鵠川遼東及湖海江漢之間稱名謂鵠為天

鵰天者亦大之義也

鷹　鷹以膺擊故謂之鷹其頂有毛角故又名角鷹性爽猛故又名鷞鳩禽經云小而鷙者皆曰隼大而鷙者皆曰鳩爾雅翼云在北爲鷹在南爲鷂一云大爲鷹小爲鷂梵書謂之嘶那夜李時珍曰鷹出遼東者爲上等北方及東北者次之北人取雛豢養南人媒取其大者用以圍獵搏擊兎屬其毛色蒼黑嘴爪皆如利鈎飛揚神速所至披靡莫能當其鋒焉

鵰　鵰似鷹而畧大尾長翅短悍戾異常空際盤旋無微不覩能搏鴻鵠犬豕之屬人莫可馴致之時亦弋獲用羽製扇長白山谷中往往有之春秋則翱翔騰擊冬則伏

鴟　即詩所謂鳶也其聲叱咤故謂之鴟似鷹而稍小尾如舵善高翔捕雀而食爾雅謂之茅鴟俗呼老鴟

鴞　鴞與鴟二物也周公合而詠之後人遂以鴞鴟爲一鳥誤矣按鴞即梟貓眼

狗臉毛色黃雜狀如母雞而小晝不見物夜則飛行捕鼠雀食性狠惡生而食其母鳴聲格格如笑不祥鳥也古人於夏至磔之故其字從鳥從木首在木上取見則殺之之義

鶚

鶚狀可愕故謂之鶚亦鵰類也李時珍曰鶚土黃色深目好峙雄雌相得交則雙翔別則異處能翱翔水上捕魚食江表人呼爲食魚鷹亦啖蛇詩云雎鳩即此并言其覵雎健故謂之雎長白江洲間多有此鳥

鶯

嘴尖眉黑爪色紅青遍身黃如甘草羽及尾有黑毛相間拂柳穿花鳴聲圓滑本草云冬月則鶯藏蟄入田塘中以泥自裹如卵至春始出荊州志云農人冬月於田中掘二三尺得土堅圓如卵破之則鳥在焉無復羽毛春始生羽破土而出故鶯身之味頗臭曰蒼庚曰商庚曰鵹黃曰離黃曰鶬鶊曰鸝庚曰黃栗留曰楚雀曰黃袍曰搏黍曰黃鳥曰黃鸝皆鶯之名稱也長屬地寒節候較內省爲遲此鳥發聲最晚

燕　釋名乙鳥乙者其鳴自呼也說文元鳥元其色也大如雀而身長籋口豐頷布翅歧尾鳴聲上下飛舞不停營巢避戊巳日能知休咎春社來秋社去其來也啣泥巢於屋宇之下其去也隱身蟄於窟穴之中或謂其秋後即渡海謬甚長屬之燕仲夏始見節候使然

烏　烏家篆文象形即鴉也一作鵶禽經云鴉聲啞啞故謂之鵶此烏初生母哺六十日長則反哺六十日故有慈烏孝烏之稱李時珍曰烏有四種身黑嘴小反哺者慈烏也似慈烏而嘴大腹下白不反哺者鴉烏也似鴉烏而大白項者燕烏也似鴉烏而小赤嘴穴居者山烏也蓰烏種色稍殊性皆貪鷙鳴聲哽咽不朗暢故人多惡之長地之烏較內地為稀地寒故也

鵲　鳴聲唶唶故謂之鵲一名飛駮烏一名喜鵲一名乾鵲其色駮雜故曰駮靈能報喜故曰喜鵲性惡溼故曰乾鵲大如烏而長尾尖嘴黑爪白腹背含有綠毛相間上下飛鳴以音感而孕至秋初則毛毨頭禿俗云牛女會於七夕用鵲

塡河漢之橋其說荒誕蓋鵲經暑熱而後毛有脫落故耳

翠鳥　大如燕喙尖而長足紅而短背毛翠色翅尾黑色亦有斑白者俱能水上取魚釋名謂水狗魚狗禽經謂魚師翠碧鳥蓋謂此鳥能害魚故以此類命名李時珍曰處處水涯有之亦翡翠鳥之類也長屬瀕江所產翠鳥其文彩亦斐然可愛

雀　短尾小鳥也字從小從隹隹音錐解作短尾釋名謂瓦雀賓雀蓋以雀息簷瓦之間如賓客然俗呼老而斑者爲麻雀小而黃者爲黃雀其性最淫卵生羣飛田間於禾稼熟時爲害尤甚

野雞　釋名即雉也漢呂后名雉高祖改雉爲野雞其實雞類也直飛若矢一往而墮故字從矢斑色繡翼雄者文采而尾長雌者文暗而尾短故尚書謂之華虫曲禮謂之疏趾長地野雞極多獵取烹食味嫩而美冬令尚可售之他方

雞　雞者稽也能稽時也卵生短羽不能高飛雄者感時而鳴雌者應時而卵至

於老雞人言者牝雞雄鳴者雄雞生卵者乃賦氣不正本草謂其忌有毒不可用以入藥馬志曰入藥取朝鮮者最良李時珍曰雞類甚多五方所產大小形色往往亦異朝鮮一種長尾雞尾長三四尺遼陽一種食雞一種角雞味俱肥美南越一種長鳴雞晝夜啼呌南海一種食雞潮至即鳴蜀中一種鶤雞楚中一種傖雞並高三四尺江南一種矮雞脚僅二寸許也長白雞亦無異屬境韓僑雞多未見蓄長尾雞者

鴨

釋名即鶩也其鳴呷呷故曰鴨舒而不疾故又名舒鳧似鷄而大翅短尾禿不能飛雄者綠頭文翅雌者黃斑色亦有純黑純白者又有白而烏骨性質本喜水能游泳水中捕魚蝦食雌者生卵較雞卵爲大長屬瀕江蓄鴨者無多蓋此物盛產於南省云

鳧

釋名野鴨詩疏謂野鶩沈鳧即俗呼水鴨是也短羽高飛江海湖泊中皆有之似鴨而小雜青白色背上有文短喙長尾卑脚紅掌水鳥之謹愿者也此物

喜暖盛產於南省長境雖地瀕鴨綠間而有之

獸族

牛　牛在畜屬土有坤道焉性柔緩多力歧蹄而戴角鼻大可穿說文云其耳聾其聽以鼻其齒有下無上食物則利用其舌長白畜類牛占多數且有用韓產者耕田運物最爲得宜

馬　說文云馬怒也武也其字體象頭尾四足之形色類甚多以出雲中者爲上本境馬多弱劣高麗所產之馬尤小未能駕車任重韓僑用以騎載類中土川省所產云

騾　騾大於驢而健於馬其力在腰股後有鎖骨故不孳育說文云驢父馬母性純陰本草謂騾有五種牡驢交馬而生者騾也牡馬交驢而生者爲駃騠牡驢交牛而生者爲馲𩣡牡牛交驢而生者爲𩣡𩥇牡牛交馬而生者爲駏驉今則通呼爲騾云

驢　驢臚也力在臚也長頰廣額磔耳修尾夜鳴應更性善馱負有褐白黑三色正字通云女眞遼東地出野驢似驢而色駁尾長人恆食之今罕見

豬　豬在卦屬坎以性趨下而喜汚穢也骨細筋多皮肉肥厚牡曰牙牝曰彘蠢蠢無知祇供食品近人講生理學者用顯微鏡察其肉含有寄生蟲最多食之無節損人脾胃本鏡畜豬往往成羣其種與關內稍異有頭蹄白色者耳小而體亦不大罕過百斤味薄寡脂蓋因牧以草芻故耳

羊　羊詳也字體象頭角尾足之形性柔順芻食喜羣肉味羶而溫補皮毛之用甚廣長地牧羊之家不及畜豬十分之一云

犬　犬高四尺曰獒多毛曰尨爾雅注云田犬善獵家犬善守長人多畜犬有用其者皮製衣褥禦寒

貓　釋名家貍也鳴聲苗茅故曰貓有黃黑白雜各色貍身而虎面長尾而細齒其眼睛按時輪轉作圓形橢圓形直綫形光閃灼可畏體最輕便善捕鼠喜肉

食乃小獸中之貪黠者長境畜貓者頗多以長地多鼠兼可避蛇云

虎

說文虎百獸之君也風俗通謂虎乃陽物百獸之長按虎狀如貓大如牛黃質而黑章鋸牙而鉤爪鬚健而尖舌長大倒生芒刺目光若電吼聲如雷風從而生百獸震恐易卦通驗云立秋虎始嘯仲冬虎始交或曰月暈時乃交又云虎不再交孕七月而生子白山一帶產虎爲多據日本調查謂與孟加拉地方之虎同種自頭至尾長九尺餘獵者以其皮骨輸出遠方頗獲厚資云

豹

本草引禽蟲述云虎生三子一爲豹按豹似虎而畧小俗謂能食虎蓋其性暴敢與虎鬬也毛赤黃間有黑色其文尖長如艾葉者曰艾葉豹有黃文如線者曰金線豹冬至後黑斑內生有黃毛外圓而中空如錢者曰金錢豹其皮質稍薄不及虎之美長人終歲獵獲之數與虎等惟價值次之

熊

熊大如豕而猛憨多力虎亦畏之遇人則人立而搏噬故俗謂之人熊豎目黃睛睫毛遮蔽如不見物土人因名黑瞎子龐然蠢物重可千觔然升樹攀巖

異常輕捷冬時蟄伏樹孔中不出覓食饑則舐其掌俟春暖則橫出攫搏喜食松子蜂蜜及含有甜質之物土人於禾稼成熟時苦熊爲甚蓋熊性貪殘而褊急羣入蜀黍田中意揚揚在呑盡而止以左右爪互相攫取挾於腋下然伸臂物墜則不計也自謂滿載而出顧所獲者僅三五因而憤怒復入田間連茹拔茅肆行踐踏折落一空害何可堪態之愚於此可見按熊胆入藥最良有銅胆鐵胆之分熊掌味最美居八珍之一其皮革厚獵戶見之未敢輕於一發云

羆　類熊皮色微黃陸璣謂羆爲黃熊是矣頭長腳高動作一與熊同或云羆即熊之雄長白熊多而羆少

鹿　釋名即斑龍按乾寧記云鹿與游龍相戲必生異角則鹿之稱龍或以此歟馬身羊尾長項高腳性淫而樂羣食則相呼行則同旅居則環角外向臥則口朝尾閭喜食龜能別良草清潔自愛不與惡畜伍卑雅所謂仙獸者是也其貴在角本草云牡者有角夏至則解大如小馬黃質白斑俗稱馬鹿牝者無角小

而無斑毛雜黃白色俗稱麅鹿孕六月而生子今人謂黃色白斑爲梅花鹿其茸角最佳色蒼無斑者爲馬鹿其茸角次之統以近夏至日獲之爲良至於鹿胎鹿尾鹿鞭均入藥品爲用甚廣長白獵戶歲入以此爲大宗計終所獲牝牡價値約四千餘金

麋

鹿屬也本草云麋似鹿而色青黑大如小牛肉蹄目下有二竅爲夜目南方淮海邊最多千百爲羣牡者有角十月取之鹿喜山而屬陽故夏至解角麋喜澤而屬陰故冬至解角按日本調查謂滿洲出麋本境獵戶則不知有十月取之說

豺

埤雅云豺柴也俗稱體瘦如豺是矣其形似狗而色頗白長尾細體前倭後高毛象鬈鬆健猛多力食小獸並喜食羊其肉腥臭不可食皮質薄無甚用處

狼

釋名稱毛狗謂其毛色如狗也銳頭尖喙白頰駢脇高前廣後腰細而小性最貪喜肉食皮厚毛長可作禦寒之物惟產虎豹之區狼則遠避故長人所獵

歲值不過數百餘金

麞　釋名即麕也本草蘇頌曰麕類甚多麕乃總名有有牙者有無牙者有牙出口外者均不傷人秋冬居山春夏居澤似鹿而小無角黃黑色皮細軟勝於鹿皮或曰麞亦有香如栗子能治惡疾李時珍曰麞無香有香者麝也謂麞有香誤矣

麝　麝之香氣遠射故謂之麝其形似麞而小黑色常食栢葉又噉蛇蝎其香在陰莖前皮內別有膜袋裹之或謂其香在皮或謂其香在臍長白所獲歲值無幾蓋麝以南省西地爲良長産無多其香亦次

野猪　形如家猪然肥大可千觔牙長出口外性憨力猛叢行覔食獵人惟敢擊其最後者後者殪則前者還行不顧若擊其在前者則羣相散搏以傷人其肉色微赤味勝家豬牝者尤美皮革亦堅厚爲用甚廣

山羊　釋名即野羊圖經謂羱羊其角有節殊疏大不入藥品有謂山羊爲羚羊

者按羚羊之貴在角山羊之貴在血本草謂其角有卦痕者爲羚羊無者爲山羊李時珍曰山羊有二種一種大角盤環體重至百斤一種角細者謂之苴羊本境山羊較家羊爲大其血最熱有散淤止痛滋陰補血之功用近今價値頗昂惟長屬所產無多獵者所得歲値約三四百金蓋山羊以滇蜀粵產爲良遼產惟銷本省

貛　釋名狗貛蜀人謂之天狗穴土而居形如家狗而脚短食果實草子之屬肥大多脂其脂油能療治燒瘡肉亦甘美皮實脆而光澤有用作褥者然煖度則少差焉

獺　獺狀如犬頸長似馬四足俱短頭與尾皆褐色若紫帛然大者自頭至尾長三尺餘有山獺水獺海獺數種正字通云山獺性淫毒山中有此牝獸皆避去又海獺生海中毛入水不濡李時珍云今人取其毛爲風領亞於貂水獺生溪邊食魚居水中亦休木上王氏字說云水獺於正月十月兩祭魚一說謂獺取

魚以祭天也皆報本反始之意長白所產無多有山獺水獺否之分二種均不多覯

麅　一作麃說文云麠屬麠大鹿也按麅形似鹿而無角毛色蒼黃皮可障潮溼肉味平甘可作脯亦野味之一也

貂　許愼說文云貂鼠尾大而黃黑出胡丁零國即今遼東高麗諸地其鼠大如獺而尾粗如狐毛深寸許用皮爲裘帽風領等物最能禦寒遇風更煖著雪即消入水不濡本草謂塵沙眯目以裘袖抆之即出誠毛革中之奇品也白山左近森林蓊翳產貂尤佳有黑色赤鮮褐色數種以毛皮之濃淡分價值之高低且亦因其居處異其毛色按產於松杉之林者毛帶黑色品格最貴棲於白楊之林者色稍鮮明而品格次之產落葉松及五葉松之林者毛皮極鮮明而品格爲下其次於貂鼠而毛皮亦重貴者爲栗鼠然類貂惟多見者能辨之釋名謂貂鼠即栗鼠爾雅翼注謂貂鼠即松狗均係籠侗言之尚未辨及纖微云

灰鼠　似鼠而尾大毛長色如土灰製裘甚輕然煖不及狐生山谷中羣出覓食鷙鳥悍獸往往見而搏噬爲長屬甚產此種惟皮質較吉江兩省少遜云

狐　尖鼻大尾後腿長而行速腋毛純白謂之狐白皮毛製裘輕煖故世尙狐裘云

狸　釋名謂野貓穴居蘊伏之獸也黃質黑斑毛甚脆嫩其肉味臭食蟲鼠及草根以其狀類虎故俗稱虎狸是矣

猞猁猻　猿屬而體小如貓臉如狗嘴尖似狐毛色微黃含有白針極其滑澤較狐皮尤佳產於三姓爲多長白間或有之

兎　篆文象形一云吐而生子故曰兎有蒼白黑各色大如狸然皮毛質脆可製筆用以禦寒不甚堅緻也

山狗　身長尺餘毛色黃者最夥形類小犬行則成羣足捷善走山獸皆畏之每遇獸則一呼嗥皆至圍而食之須臾食盡餘則埋之土人喚爲山砲手亦曰豺

狼狗子長郡左近最多

鱗介族

鯉　鱗有文理故曰鯉無大小皆三十六鱗色鮮味美爲諸魚之冠長白地瀕鴨綠魚類甚夥所產之鯉不及內省爲多

魴　釋名謂鯿魚小頭縮項高脊闊腹扁身細鱗其色青白腹內有肪味最美肪音房脂也肥也按鴨綠江中肥而美者爲魴魚

鯽　埤雅云鯽魚旅行以相即也形似小鯉色黑而體促腹大而脊隆大者祇至三四斤喜偎泥不食雜物其肉美厚補人脾胃

鱮　釋名謂即鰱魚好羣行相與也頭小形扁細鱗肥腹其色最白失水易死故亦謂之弱魚

鱅　魚之庸常以供饈食者漢鄭康成作溶魚味溶淡故也其目旁有骨名乙骨禮記云食魚去乙即指鱅魚而言或謂海上鱅魚其臭如尸海人食之是或別

有一種歟

鱖　一名水豚本草李時珍曰鱖蹶也其體不能屈曲如僵蹶鱖文斑如織花之罽味如豚故名水豚春時食之最肥美

鱧　本草李時珍曰鱧首有七星夜朝北斗有自然之禮故曰鱧能蛇交性至難死猶有蛇性也形長體圓頭尾相等細鱗黑色有斑點有舌有齒形狀可憎南人有珍之者北人惡絕不常食道家指爲水厭土人所謂七星魚是也

鰻鱺　釋名謂白鱓本草綱目謂蛇魚乾者爲風鰻按此魚有雄無雌以影漫於鱧魚其子附於鱧鬐而生故許氏說文謂鱺與鱧同其漫於鱧而生者曰蛇曰鱓象形也而究非鱓魚也

鱓　釋名黃鉏腹黃故也形似鰻鱺而細長亦似蛇而無鱗鴨綠江中有青黃二色青質黑章體多涎沫色雖惡而味殊美又有一種蛇變者名蛇鱓有毒害人用者當細審之

鯼　本草李時珍曰鯼生江湖中體圓厚而長似鱤魚而腹稍起扁額長喙口在頷下細鱗腹白背微黃色亦能噉魚大者二三十斤按長郡多韓僑韓人所嗜之魚多類此但無甚大者

鱒　說文赤目魚也孫炎云鱒好獨行故字從尊身圓而長赤脈貫瞳青質赤章好食螺蚌善於遁網土人云鴨綠江中有紅目魚然魚肆陳列多模糊莫辨按其體則似有鱒魚云

青魚　本草李時珍曰青亦作鯖大者名鱑魚生江湖間南方多有北地時或有之身長而色青其頭中枕骨疏落而堅硬南人有用作梳篦者

蛤蛄　形如螃蟹前爪甚長尾短而細如蝎虎狀味美可食

蜜蜂　蜂尾垂鋒故謂之蜂蜜蜂之鋒不甚毒長股短翅飛聲作嚮冬居穴中春出採花蕊甜質以釀蜜作用甚宏遼東產蜜盛行內省長境山巖林木間往往有之土人如能加意收養當更繁衍而獲厚資焉

蚊　一作蟁從昬從虫以虫之昬時出現者說文云蚊長吻如針嚙人飛蟲也本境蚊蟲較關內為大土人呼為小咬喙最毒所嚙之處肌膚高腫數月不消故人多燃樺油以防之

蛇　紆行蜿蜒色類甚夥爾雅翼云蛇草居常飢飽食則脫殼埤雅云蛇以眼聽本境蛇多黑色叢林中有大至丈餘圍可盈尺者草甸岡坡在在多有冬蟄春出毒惡為甚

蠍　說文云蠆尾虫也葛洪云蠍前為螫後為蠆按蠍尾垂芒其毒在尾遼地嚴寒此物少生不如內地為多

蛺蝶　美鬚大翅葉葉紛飛有媒介諸花之用博物志云蝶之發生分三期第一期從卵孵化第二期成蛹第三期成虫一名蝴蝶有草蝶水蝶之分長境當仲夏之交山岩多花蝶亦繁盛種色之佳不減內地亦邊荒特色也

礦產類

礦與磺同周禮廾人註廾之言礦也金玉未成器曰礦磺古文亦作廾說文銅鐵樸石也黃帝時以鑄爲開虞夏因之而重穀不重金至周始設專官寓取於禁利在民守在官頗得理財之要秦漢以後官家棄之於地惟元魏時稍事經營而置採伐之善法明則疲於礦稅

國初乃視爲厲禁而外洋侵占之謀遂因之而起礦產之盛以東省爲最東省以黑省爲最吉林次之奉天尤次之如東山一帶河金沙金綫金銀鐵煤石硫磺各礦皆有之矣惟聞陶金者於溪谷中掘地七八尺至丈許挖出金苗篩於木板上由上流澈以水沙之汰之俗所謂河裏陶金者是也計每日所得之利不敷一日之花費銀鐵煤石亦如之以故開採者甚少茲特就長郡及安撫屬地所產各礦分記如左

金

長屬梨樹溝十二道溝及十九道溝均產砂金撫屬石頭河萬里河產河金安

屬娘娘庫河亦產河金較砂金頗富

銀

據屬雙溝子產銀未經開採苗質厚薄不得而知

煤

東山民人以木代炭現木植外溢生齒加繁非煤礦不足以濟窮郡署西萬寶岡左近查有煤礦擬派人開採而無識者

硫磺

署西南十里許有溫泉溫泉即礦泉也水色黃近泉處硫磺之氣撲人其發源處有硫磺礦已可概見

石

署東五里許大馬鹿溝產五色石光潤異常相傳十數年前開採者甚夥旋改禁止並將所掘之窖坎築填平今年又派人掘採間有一二溫潤光澤者鐫章

篆字足供玩覽亦文房佳品也

附錄石礦記

馬鹿岩石礦記

宣統元年設長白府治於鴨綠江之右地有古塔座因名塔甸北距長白山二百七十里郡東五里許有馬鹿岩產石礦地僻尠居人無採取者是年秋七月署內僚屬閒游岩下拾一二小方石視之瑩然磋爲章堅而麗往視之則碎石縱橫檢其色紋美者囊之而歸峯之摩之雕之篆之斑駁陸離可珍可玩按金石家稱絕佳者曰燈光凍此石自前代已稀近更無聞焉又雞冠昌化其眞大紅色者殊不多覯降格以求則曰靑田靑田中有映雪凍者誠希世珍至雜色晶瑩秀潤之品賞鑒家亦爲心醉今鹿岩之石晶瑩秀潤雕而爲章使人愛不忍釋豈數千百年山川之蘊蓄天地之精華必待人而發耶自秋及冬四閱月磨而成章者共百餘方搜奇貿於荒山窮谷間而物華之顯豁呈露亦有時數

存乎其閒耶　豊鎬之鄉地老天荒五金之美甲於全球顧安得瑰琦磊落之人出而搜索之品題之甄陶鼓鑄蔚爲國華斯固守邊者所頂祝以待也夫石礦猶其微焉者耳是爲記

長白徵存錄卷六

藥品

序

繄昔軒轅氏嘗百草製醫藥咨岐伯俞跗作內經究息賑民氣大和草木之精與生人之性實相貫注以故本草一篇藥性一賦蒐羅攷證古有專書茲編列藥品一類緣府治左瀕鴨綠北控龍岡山水鍾靈芬芳吐蕊劚赤箭於雲根探驪珠於水底杳林妙品因董奉而益珍橘井香泉非蘇耽其誰溯推而至丹砂玉札待用無遺牛溲馬勃收藏不棄木石爲伍鹿豕同游青囊一肩拾遺於博物舊志紫書三卷附載於鄉土新篇皆有益於衛生尚待研於哲學

藥品目錄

草部

蒲公英　紫花地丁　柴胡　牛蒡子
蒼耳子　菟絲子　五味子　馬兜鈴
金銀花　木通　卷柏　馬勃
遼黨蔘　牽牛子　香青蒿　藜蘆
瞿麥

木部

黃蘗　枸杞子　天精草　地骨皮
蔓荊子　安息香

果部

松子　榛子　山楂　山核桃

穀菜部

蕎麥　山百合　山丹　薤

蛇脫

眞珠

蜂蜜

黄蠟

草部

黃耆

綱目名黃耆本經名戴糝藥性論名王孫李氏時珍曰耆者長也爲補藥之長俗通作芪本草集解根長二三尺獨莖叢生枝幹去土二三寸其葉扶疎作羊齒狀如蒺藜苗時珍謂黃耆葉似槐葉而微尖小如蒺藜葉而闊大青白色開黃紫花大如槐花結小尖角長寸許根長二三尺餘以緊實如箭幹而綿者良川綿上及泉鄉者爲上惟土黃耆味苦而堅不適於用性甘溫補中用炙達表用生深秋初冬采根陰乾亦有仲春采者長屬每歲所產足售遠方

人蔘

古本作蓡別錄名神草名土精廣雅名地精時珍曰人蓡年深浸漸長成根如人形者有神故謂之人蔘集解人蔘生上黨山谷及遼東仲春初夏中秋采根竹刀刮暴乾勿令見風根如人形者良人蔘讚云三椏五葉背陽向陰人來求

我椵樹相尋椵樹似桐甚大蔭廣則蔘生初生小者三四寸許一椏五葉始生有三葉者四五年後生兩椏五葉未有花莖至十年後生三椏年深者四椏各五葉中心生莖俗名百尺杵三月四月有花細小如粟蕊如絲紫白色秋後結子或七八枚如大豆生青熟紅自落亦可收子於十月下種如種菜法高麗蔘者居多來中土互市江淮間亦產土人蔘味極甘美力不足與遼蔘敵遼蔘以種黄白而潤紋質緊實者佳僞造煮沙蔘薺苨桔梗根亦足亂眞其似人形者尤多贋僞眞者生甘苦微凉熟甘溫大補肺中元氣能回生氣於無何有之鄉僞者誤用流毒不淺今遼東僞者甚夥並有山蔘秧蔘之分不可不辨長屬所採所種行銷內省每歲所收價值約萬金

按中土岐黄家不知參苗所產通稱高麗參或曰遼參究竟眞贋懸殊高麗參不及中參遠甚中參以臨江迤東白山迤西一帶岡嶺所產稱最上品湯河左近（即擬設撫松縣治）參園甚夥名曰秧參以十二年成參爲上品次則八年或四六年一

年參紋一道確有明驗每年六七月間高麗人輒向湯河參戶以布疋紙張易參而轉售於中土獲利頗重今年緣新開龍華岡回長行至十五道溝遇高麗數十人紗帽白衣牽黃牛十餘頭馱布疋紙張等物如業商者然詢其所之則曰赴湯河問何業則曰以紙布易參也以是知高麗所售之參確係湯河秧參無疑

刨參土俗

土人名參爲榜棰象形也每年至七月間入山刨參名曰放山身佩紅線繩數條繩頭繫青銅錢一個手拄小木杖一根披荊撥草蹣跚而行一見參苗特出則疾趨向前大聲呼之曰榜棰以紅線繩繫之青銅錢鎮之並伏地叩頭以謝山神然後四圍掘坑寬至四五尺深至五六尺不等緣參苗以鬚爲貴恐損其鬚故也掘出後以土包之如大瓷形售之參商再加以蒸練法

蒸條

從新云遼參之橫生蘆頭上者力已薄只可用以調理常症價値亦廉

參鬚

從新參之橫生蘆頭上而甚細者性與參同而力薄貧乏之者往往用之今市中皆由分別出售云

人參子

拾遺云如腰子式生靑熟紅近日販客從遼東帶歸內省者多靑綠色如豆大以北地霜早入山采取不及熟紅也售價頗昂發痘引漿無癢塌之患按蘇人呼極小生參爲子參亦名太子參即遼參之極小者近盛行於吳中參葉初歸客帶入內地餉遺代茶生津潤肺蘇州市中漸有貨者價値日增特補錄以廣消售近時有用參子催生僉云有效

貝母

爾雅名莔陶氏宏景曰形似聚貝子故名貝母時珍曰詩云言采其莔即貝母

一作莔蝱根狀如蝱也集解貝母生晉地十月採根暴乾葉似大蒜葉四月蒜熟時採之若至十月苗枯根亦不佳出潤州荆襄者佳川省及江南諸州多有之豫皖各省均產貝母蘇頌云二月生苗莖細色青葉似蕎麥七月開花碧綠色形如鼓子八月可采陸機詩疏云莔貝母也葉如栝蔞而細小其子在根下如芋子郭璞爾雅註謂花白葉似韭此種今罕見矣雷斅曰貝母中有獨顆團滿不分兩片無皺紋者號丹龍精不入藥品誤服令人筋脈不收惟黄精小藍汁可解足徵種類不一性微寒苦瀉心火辛散肺鬱解諸瘡毒亦外科中之佳品長地所產頗堪適用消售價値約在東錢四千串之譜

沙參

別錄名鈴兒草名虎鬚又名苦心宏景曰此與人參苦參元參丹參是爲五參其形不盡相類而主療頗同故皆有參名集解沙參生河內川谷二月八月採根暴乾又淄齊潞隨江淮荆湖皆有之時珍曰沙參處處山原有之二月苗生

葉如初生小葵葉而圓扁不光八九月抽莖高一二尺莖上之葉尖長如枸杞葉小而有齒葉間開小紫花長二三分如鈴鐸狀五出白蕊亦有白花者結實大如冬青實有細子霜後苗枯根生沙地者長尺餘大一虎口生黃土中則短而小莖根皆有白汁八九月采者白而實春采者黃而虛僞造者蒸壓實以亂人參但體輕鬆味淡短耳性甘苦微寒專補肺氣宜肺熱不宜肺寒備要云人參補五臟之陽沙參補五臟之陰肺熱者用之以代人參產北地者良故近有遼沙參之名

桔梗

時珍曰此草之根結實而梗直故名分甜苦二種本經以薺苨爲甜桔梗至別錄始發明薺苨條分爲二物其性味功用有同有不同當以別錄爲是集解桔梗今在處有之根如指大黃白色春生苗莖高尺餘葉似杏葉而長橢四葉相對而生嫩時亦可煮食夏開小花紫碧色頗似牽牛花秋成結子八月采根暴

乾性苦辛而平肺經土藥本草謂有小毒經諸家辯之仍以苦辛平爲宜長屬所產行消頗遠

薺苨

圖經名杏參綱目名甜桔梗時珍曰薺苨多汁有濟苨之狀故以名之濟苨濃露也其根如沙參而葉如杏故河南人呼爲杏葉沙參俗名亦呼甜桔梗別錄分而斷之備要謂似人參而體虛無心似桔梗而味甘不苦薺苨桔梗以有心無心分之皮色亦稍異惟奸賈僞造以亂人參不可不辨性甘寒無毒利於肺長屬亦間有之

薄荷

長地所產氣味甚濁不適於用土人采之不成價值即奉省行消者以南來爲上

黃精

拾遺名救荒草瑞草經名黃芝宏景曰仙人餘糧蒙筌名野生薑俗名山生薑集解黃精生山谷二月采根處處有之二月始生一枝多葉葉狀如竹而短根如鬼臼柔而有脂備要云以其得坤土之精久服不飢植物中鉤吻類黃精惟葉尖有毛不可不辨誤服傷人黃精性甘平無毒治法必九蒸九晒爲宜長產只消本省

萎蕤

別錄名玉竹本經名女萎時珍曰此草根長多鬚如冠纓下垂之綏故以名之集解處處山中有之根橫生似黃精差小服食家亦有用之者葉青黃色相値如薑葉三月開青花結圓實性味甘平可代參耆仲春初秋皆可采竹刀刮皮陰乾

蒼朮

時珍曰蒼朮古名山薊處處山中有之以茅山出者爲佳苗高一二三尺其葉抱

莖而生稍間葉似棠梨葉其脚下葉有三五叉皆有鋸齒小刺根如老薑蒼黑色肉白有油膏采時以深冬爲良二三月八九月亦可采米汁浸後焙乾同芝麻炒以製其燥集解古方不分蒼白二朮經陶隱君發明自宋而後始言蒼朮性苦辛氣芳烈與白朮之性苦甘氣和平各適其用後人主之白朮以皖浙產者爲佳即蒼朮亦以茅山嵩山爲上品東境之朮芳烈稍遜云

貫衆

本經名貫節貫渠綱目名黑狗脊圖經名鳳尾草本草注葉莖如鳳尾其根一本而衆枝貫之故葉名鳳尾根名貫衆時珍曰多生山陰近水處數根叢生一根數莖根大如筋其涎滑葉則兩兩對生如狗脊之葉而無鋸齒青黃色面深背淺其根曲而有尖嘴黑鬚叢簇亦似狗脊根而大狀如伏鴟性苦微寒有毒能解邪熱之毒二三月及八月采根陰乾浸水可避時瘟

淫羊藿

唐本草名仙靈脾宏景曰服之使人好爲陰陽西川北部多羊一日百合服此所致故名淫羊藿時珍曰生大山中一根數莖莖粗如綿高三尺莖三椏一椏三葉葉長二三尺如杏葉及豆藿面光背淡甚薄細齒有微刺集解四月開白花花分白紫二色五月采葉曬乾蜀本草言生處不聞水聲者良湖湘生者其葉經冬不凋其性辛香甘溫根葉皆可用遠產次之

紫草

爾雅作茈草猺獞人呼爲鴉銜草花紫根紫可以染色故名集解生碭山山谷及楚地三月采根陰乾又云所在皆有二月開花八月熟實時珍曰種紫草三月下種九月子熟春秋前後采根陰乾其根有毛如茸當未花時采者佳備要古方用茸取其初得陽氣以類觸類用發痘瘡今人不達此理惟品其性曰甘鹹氣寒一概用之誤矣

茸

拾遺云紫草茸以西藏采製者爲佳遼東之紫草茸仍來自內地遼産紫草售之本省市中而已

防風

別錄名屏風時珍曰防者禦也其功療風最要故名屏風防風者隱語也集解汴東州縣江淅淮徐青齊一帶産者良正月生初葉紫紅色漸分青綠色似青蒿而短小五月花有黃白二種六月結實采根以二月十月爲宜季春季夏亦可采取根暴乾性甘辛微溫爲祛風瘟之要藥長白所産行消本省

獨活

本經即羌活宏景曰一莖直上不爲風搖故名獨活別錄云此草得風不搖無風自動又名獨搖草古方惟用獨活後人謂獨活爲羌活之母是一類二種遂分用備要亦分爲二註云節疎色黃爲獨活節密色紫氣猛烈者爲羌活並出蜀漢又云自羌活中來者爲羌活集解云春生苗葉如青麻六月開花作叢分

黃紫色結實時葉黃者是夾石所生葉青者土脈中所生二月八月采根暴乾以出蜀漢者良遼產亦佳足行消內地云

天麻

葉性名赤箭芝有風不動一名定風草集解四五月八月采根暴乾葉如芍藥而小中抽一莖直上如箭莖端結實狀如續隨子至葉枯時子始黃熟其根連一二十枚猶如天虋冬之類形如王瓜亦如蘆菔大小不定以生於齊鄆者獨佳他處雖有多不適用長屬所產遼市並售之

赤箭

即天麻根莖本草性辛溫無毒集解謂赤箭與天麻主治不同明太史沈括常爲辯論惟古方用天麻不用赤箭用赤箭不用天麻又是爲一物矣時珍曰本經止有赤箭後人稱爲天麻足徵一物至主治不同之說按蘇頌圖經謂天麻自表達裏赤箭自裏達外性味悉屬甘溫後人遂分爲二醫家亦依以爲據矣

還筒子

本草綱目即天麻子功用性味悉同天麻

升麻

時珍曰其葉似麻其性上升故名集解升麻生益州山谷二月八月采根暴乾宏景曰舊以寧州爲第一其形細黑堅實出益州者細削青綠色亦佳拾遺云升麻以綠色者爲佳性甘辛微苦用之散表風邪北部多有實不堪用賈人亦安售焉

苦參

時珍曰苦以味名參以功名別錄曰生汝南山谷及田野三月八月十月采根暴乾宏景曰近道處處有之葉極似槐葉春生冬凋花黃白色子作莢根味至苦惡集解云其根黃色長五七寸粗如駢指三五莖並生秋日結子如小豆子惟河北生者無花子五月六月十月采其性苦寒入腎腎虛者忌之長地所產

尙堪適用

龍膽草

綱目葉如龍葵味如苦膽因以爲名集解云根狀似牛膝味甚苦苗高尺餘四月生葉如嫩蒜莖細如小竹枝七月始花如牽牛花靑碧色冬後結實其葉有經霜不凋者亦同類而別種也性大苦大寒瀉肝胆之火舊說生齊朐山谷宏景亦謂以吳興者爲勝今遼東所產行消內地

細辛

綱目出華陰者眞根細而味極辛故名宏景曰今用東部臨海者形段亦好而辛烈不及華陰高麗產亦可用須去頭節集解細辛如葵赤黑一根一葉相連今處處有之不及華陰之眞良也草中有杜衡鬼督郵徐長卿皆足亂之不可誤用采時揀去雙葉者遼東所產甚夥行消內省長屬所采每年亦足售千金

白薇

別録名薇草時珍曰薇細也其根細而白也集解白薇生平原川谷三月三日采根陰乾宏景曰近道處處有之莖葉俱青頗類柳葉六七月開紅花八月結實根黃白色類牛膝而短性味苦鹹而寒治陰虛火旺生痰尤宜婦人古法以三月三采今人多八月採之

赤芍藥

綱目名將離圖經赤者名木芍藥時珍曰芍藥猶綽約也綽約美好貌此花容色綽約故以爲名集解芍藥處處有之淮南者勝春生紅芽作叢莖上三枝五葉似牡丹而狹長高一二尺夏初開花有紅白紫數種結子似牡丹子而稍小秋時采根暴乾揚州芍藥甲天下十月生芽至春始盛三月開花其品凡三十餘種有千葉單葉樓子之分入藥用單葉者之根今藥中所用仍以淮南者爲佳性味苦酸微寒主治與白者同惟瀉邪行血少利耳長地所產惟赤色者行消遼東每歲所得價値約三百金

澤蘭

宏景曰一名都梁香吳人呼爲水香草俗名孩兒菊生於澤旁山谷亦生今藥家不分澤蘭山蘭同而采之蘭草澤蘭一類各種俱生下濕紫莖素枝赤節綠葉葉對節生有細齒但以莖圓節長葉光有歧爲蘭草莖方節短葉有毛者爲澤蘭不難辯也此草浙閩江皖鄂湘爲最勝性味苦甘辛香爲女科要藥舊說以三月三日采取陰乾今人多七月八月采之惟長白節候尤遲百物發生不能應時因地適宜萬勿膠柱可也

益母草

本經名茺蔚會編名野天麻外臺名夏枯草因其夏至後即枯另有名夏枯草者別一種也時珍曰此草及子皆茺盛密蔚故名茺蔚性味辛甘微溫無毒又云辛微苦寒能明目益精爲經產良藥其功宜於婦人故名益母陸機云爾雅名蓷蓷益母也故曾子見之感思集解云茺蔚生海濱地澤又云處處有之今

之園圃及田野尤多葉似荏方莖類麻花分白紫生節間節節生花實似雞冠子其色黑益母以五月采之九月采實

茺蔚子

備要即益母草實主治畧同久服有子長屬所產甚夥惜此物不成價值云

夏枯草

綱目此草夏至後即枯蓋稟純陽之氣而生得陰氣則枯故有是名集解夏枯草處處有之原野間甚多苗高一二尺許冬至後生葉似旋覆三四月開花作穗紫白色似丹參花結子亦作穗五月便枯四月采之

漏盧

時珍曰屋之西北黑處謂之漏凡物黑色謂之盧此草秋後即黑故有漏盧之名集解此藥亦名莢蒿莢葉似白蒿花黃生莢長似細麻之英大如筯許有四五瓣七八月後皆黑異於衆草今曹兗沂秦淮海所產花色不一葉頗相類但

秦海生者葉作鋸齒狀一物而殊類也如此入秋葉莖皆黑者爲眞備要云閩中莖如油麻葉黑如膝者尤佳醫家常用莖葉性味苦鹹而寒軟堅泄熱用根者尠陳氏藏器曰南人用苗北人用根別錄八月采根之說不爲無據長屬所產行消未廣

木賊

時珍曰此草以之治木磋擦光潔猶云木之賊也掌禹錫嘉祐本草謂木賊出秦隴華成諸郡近水地苗長三四尺叢生每根一幹無花葉寸寸有節色青凌冬亦不凋四月采之集解所在近水處多有之采無定時其節中空輕揚形同麻黃而粗過之性溫味微甘少苦能治目疾遼產亦佳行消內省

馬蘭花

時珍曰俗稱物之大者爲馬馬蘭其葉似蘭而大花似菊而紫故名集解馬蘭生澤旁如澤蘭而氣臭北人呼其花爲紫菊以其似單瓣菊而紫也性味辛平

葉皆可用破血甚良惟備要不載醫家偶有用者行消亦稀

紫菀

綱目名返魂草許氏說文作茈菀時珍曰其根色紫而柔宛故名集解紫菀生漢中房陵山谷及眞定邯鄲沂兗皖省皆有之宏景謂近道處處有之其生布地花紫色本有白毛根甚柔細陳自明云紫菀以牢山出者良今人多以車前旋覆根染以赤土僞充貽害肺病不可不愼眞者性味辛溫潤肺也采之以二月三月爲時宜陰乾根葉悉入藥長產惟消本省

女菀

綱目即紫菀之白白者功與紫菀相似自紫菀行而醫家用者尠矣市中混入紫菀者有之

地膚子

本經名地葵別錄名地麥宏景云一名掃帚藥性名益明北人名涎衣草時珍

曰地葵因其苗味似也麥因子形似也發明子能明目也莖可爲帚故名掃帚涎衣者以葉細極弱不能勝舉也初生薄地五六十根形如蒿莖赤葉青大如荊芥三月開黃白花結子青白色性甘苦而寒可入補劑八月采實陰乾

紫蘇

時珍曰蘇性舒暢行氣和血故謂之蘇蘇亦荏類特味辛如桂耳故爾雅謂之桂荏宏景曰蘇葉紫色而氣甚香非紫色似荏不香者謂之野蘇白蘇皆不堪用集解紫蘇夏采莖葉秋采子子與葉同功潤心肺下氣定喘備要云葉發汗散寒梗順氣安胎子降氣開鬱各有功用長地所產價值歲約三四百金

車前子

本經名當道按爾雅云芣苢馬舄牛遺車前皆指此陸璣云此草好生道邊馬跡中故有車前當道各名詩疏謂之牛舌集解車前江湖淮汴及北地處處有之春初生苗布地如匙面累年者長及尺餘中抽數莖作長穗如鼠尾花甚細

深青色微赤結實如葶藶赤黑色故性味甘寒利水今人五月抽苗八月采實舊說五月五日采取陰乾車前根北人采之暴乾僞作紫菀不可誤用

萹蓄

時珍曰許氏說文作萹筑筑與竹同故宏景謂爲萹竹綱目曰粉節草以節間有粉也集解此草處處有之春中布地生道旁苗似瞿麥葉細綠如竹赤莖如釵股節間生花甚細青黃色亦有細紅花者根如蒿根性苦平能殺蟲疥以四五月采苗陰乾

蒲公英

綱目名黃花地丁入菜部以其苗嫩可食也拾遺載白鼓釘即此備要入草部葉如萵苣花如單瓣菊花四月開花花殘飛絮斷之莖中有白汁鄉方升曰一莖兩花高尺許者掘下數尺根大如拳旁如人形拱抱搗汁和酒治膈噎如神性味甘平李氏東垣曰苦寒腎經君藥通淋妙品不止解毒消癰也此草處處

有之功用甚大不可謂物以罕珍置之常品也

紫花地丁

時珍曰處處有之其葉似柳而細微夏開紫花結角平地生者起莖溝壑邊生者起蔓性味苦辛而寒主治癰疽發背惡瘡無名腫毒草中佳品也有白花者時珍謂別一種故近世尚不以白花者爲良云

柴胡

綱目作茈胡茈古柴字集解關陝江湖間近道皆有之以銀州者爲勝二月生苗甚香莖青紫堅硬微有細綫葉似竹葉而稍緊小亦有似斜蒿者亦有似麥門冬葉而短者七月開黃花根淡赤色似前胡而強過之生丹州者結青子與他處者不類其根似蘆頭有赤毛如鼠尾獨窠長者良時珍曰銀州即延安府地二八月采根暴乾采銀柴胡用銀刀削去赤薄皮以粗布拭淨勿令犯火凡病非柴胡不可者銀柴胡一付可愈南方者須三付南產根軟所謂軟柴胡也

歛者治虛熱獨良北地今人謂之北柴胡入藥亦佳觀此用藥以道地爲妙的矣

牛子蒡

別錄古名惡實名鼠粘子綱目名大力子時珍曰其根葉皆可食因狀惡多刺名惡實鼠過子墮粘不可脫亦名鼠粘集解處處有之葉大如芋子殼似栗實細長如茺蔚子性辛平潤肺解熱根苦拳竹刀刮淨汁和密治中風惡瘡長屬所產實夥到夫價廉不能遠消

蒼耳子

名見爾雅本經名枲耳詩經名卷耳綱目名豬耳宏景云俗名羊負來記事珠名進賢菜本草以耳名者因實得名也陸璣詩疏其實如婦人耳璫今人又謂之耳璫鄭康成謂爲白枲幽州人呼爲爵耳博物志洛中有人驅羊入蜀胡枲子多刺粘綴羊毛遂至中國故名羊負來如鼠粘子之類別錄枲耳生安陸川

谷及六安田野實熟始采集解今處處有之時珍曰按救荒本草云葉青白色類黏糊菜秋間結實似桑椹短小而多刺嫩苗水浸熟食可救飢子苦甘性溫善發汗散風濕古方根葉皆入藥長屬所產惟消本省

菟絲子

別錄名赤網爾雅名玉女又名唐蒙呂氏春秋云菟絲無根根不屬地茯苓是也抱樸子云菟絲之草下有伏菟之根無則絲不得生茯苓抽則菟絲死恐不盡屬也舊說菟絲初生之根其形似菟掘取割其血以和丹服之立能變化則菟絲之名因此也宏景曰下有茯苓上有菟絲不必爾也朱震亨謂菟絲未嘗與茯苓同類女蘿附松而生不相關涉皆承訛而言也意謂抱樸云所子今未見豈別一類乎按孫炎釋爾雅云唐也蒙也女蘿也菟絲也一物四名本草唐蒙爲一名詩曰蔦與女蘿毛氏萇云女女即菟絲也本草菟絲無女蘿之豈二物皆寄生同名而本草脫漏乎別錄菟絲子生朝鮮川澤田野間蔓延草木之

上九月采實暴乾色黃而細者爲赤綱色淺而大者俗名菟蘽功用並同集解
近道處處有之夏生苗初如細絲布地不能自起得他草梗則纏繞而生其根
漸絕於地而寄空中他草多被纏枯始開花結子子如碎黍米粒或云無根假
氣而生信然性味甘辛和平入秋采子暴乾得酒更良主治强陰益精袪風明
目遠產行消內地長屬所產亦足售遠方

五味子

爾雅名茎藸五味肉甘酸核辛苦都有鹹味五味具也時珍曰五味分南北產
南產者色紅北產者色黑性味屬溫風寒在肺宜南產入滋補劑以北產爲良
集解生齊山山谷及代郡八月采實陰乾蒲州藍田河中府皆產之今河東陝
西州郡尤多杭越間所產即南產也宏景曰五味第一出高麗多肉而酸甜次
出青冀味過酸又產建平者肉少味苦亦良五味春初生苗引赤蔓於高木其
長六七尺葉尖圓類杏葉季春初夏開黃白花狀類蓮花七月成實叢生莖端

如豌豆許大生青熟紅或紫黑種類不一大抵相近采時蒸乾長屬界高麗所
產宜良行消內地每歲所得價值次於人參

馬兜鈴

寇宗奭曰蔓生附木而上葉脫時其實尙垂狀如馬項之鈴故得名也集解馬
兜鈴今關中河東河北江淮夔浙諸州郡皆有之春生苗作蔓繞樹而生葉如
山蕷葉而厚大過之背面白色六月開黃紫花類枸杞花七月結實如大棗狀
似鈴作四五瓣其根名雲南根微似木香大如小指赤黃色七八月采實陰乾
性味苦寒主治肺熱長屬亦產行消未廣

金銀花

綱目名忍冬一名金銀藤宏景曰處處有時之珍曰忍冬附樹延蔓莖紫對節
生葉葉似薜荔色青有毛而濇三四猜開花長寸許一蒂兩花二瓣一大一小
如半邊狀長蕊花初開色白經二三日則變黃矣新舊相映故呼金銀花氣甚

芬芳四月採花陰乾葉四季皆可采陰乾爲宜性味甘寒亦苦酸熱解毒長屬所產甚夥惟消本省

木通

備要古名通草又通脫木一名葍草宋本草混而爲一時珍分而明之宏景曰產近道繞樹藤生莖有細孔吹之兩頭皆通者良此物大者徑三寸每枝二三枝枝有五葉夏秋開紫花白花結實子長三四寸核黑瓤白食之甘美正二月采枝陰乾舊說澤路漢中江淮湖南州郡悉產之性味甘淡雷公云味苦甄權云味寒以苦寒得平遼產亦良長屬所采售値亦等於五味云

卷柏

綱目名長生不死草宏景曰近道多有叢生石上用時去在下近沙石處別錄生山谷石間五七月采陰乾宿根紫色多鬚春生苗似柏葉而細拳攣如雞足高三五寸無花子性最耐久俗呼爲萬年松生用辛平破血炙用辛溫止血

長屬亦產此物以常山關陝兗沂諸州爲多

馬勃

別錄馬勃生園中久腐處宗奭生溫地朽木中狀如狗肝紫色虛軟彈之粉出夏秋采之有大如斗者小如升勺韓退之所謂牛溲馬勃俱收並蓄者是性辛平清肺解熱惟市中行消未廣也

潞黨參

拾遺引本經謂產山西太行者名上黨參雖無甘溫峻補之功卻有甘平清肺之力不似沙參性寒專泄肺氣味也百草鏡云黨參一名黃參黃潤者良出山西潞安太原等處有白色者總以淨軟實壯味甘者佳從新引古本草云參須上黨者佳眞黨久已難得市中黨參種類甚多多不堪用翁有良辯誤云黨參以山西出者爲勝陝西次之川黨蓋因陝西毗連移種栽植皮白味淡形類桔梗不堪適用長屬亦產較晉省所產形狀相同惟皮色稍粗藥入售之可知物

亦不以地圖也性味功用尙待品評焉

牽牛子

綱目名黑丑備要云此藥漢前不入本草故仲景方中無此別錄載宋後始多用者宏景謂此藥始出田野人牽牛謝藥故以名之有黑白二種名黑丑白丑者蓋以丑屬牛而隱語也集解處處有之二月種子三月生苗蔓繞籬牆高二三丈葉青生三尖角花微紅帶碧亦有紫色帶白者八月結實白皮裹毬內包子四五枚大如蕎麥形生三稜九月采之性辛溫有毒黑者力能速於攻下云

青蒿

集解葉似茵陳而背不白高四五尺仲夏采暴乾入藥詩云呦呦鹿鳴食野之蒿即此沈括夢溪筆談青蒿一類二種分青黃二色本草獨取青蒿自有別也青蒿深秋不黃其氣芬芳入秋花黃花細香遠實結細子備性要苦寒二月生

苗得春木少陽之氣最早治骨蒸勞熱凡藥苦寒傷胃惟青蒿香芬入脾宜於血虛有熱之人毫不損胃葉莖根子功用並同惟用時使子勿使葉使根勿使莖耳此藥雖處處有之亦藥中之佳品也

藜蘆

別錄名山葱時珍曰北人謂憨葱南人謂之鹿葱藥解藜蘆處處有之三月生苗如初出稷心葉如車前其大逾之花肉紅色莖似葱白青紫色高五六寸上有黑皮采根陰乾性辛寒至苦有毒入口即吐風痫症多用之

瞿麥

爾雅作蘧麥一名大菊別錄名大蘭日華本草名石竹綱目名南天竺草宏景曰子似麥故名瞿麥韓佩解韓詩外傳云生於兩旁謂之瞿此麥之穗旁生故也時珍曰葉似地膚而尖小又似初生小竹葉而細窄其梗纖細有節高尺餘稍間開花田野生者花大如錢紅紫色人家種者花稍小而嫵媚有細白粉紅

紫赤斑斕數色俗呼爲洛陽花結實如燕麥內有小黑子宏景曰按經云采實雷斆曰用蕊殼勿用莖葉備要亦謂用蕊殼性苦寒利小腸治五淋之要藥梗葉尤利下部恐使人小便不禁也

木部

黃檗

時珍曰名義未詳藏器說謂木可染色本經言檗今用皮古時豈木與皮通用乎檗字俗省作柏別錄生漢中山谷及永昌宏景謂出邵陵者薄而色深出東山者厚而色淺集解按蜀本草圖經云樹高數丈葉如吳茱萸莢如紫椿經冬不凋皮外白裏深黃色其根結塊如松下茯苓今所在有之他處生者樹小形同石榴又一種小而多刺以川產肉厚色深者爲上品性苦寒微辛生降實火炙不傷胃炒黑能止帶崩以五月采皮陰乾遼亦行內地長屬所產足售遠方

枸杞子

枸杞古作枸檵爾雅檵音計別錄作枸忌詩疏作苦杞抱朴子名天精圖經名甜菜本草名西王母杖一名仙人杖舊說枸杞二樹名此物棘如枸之刺莖如杞之條故兼名之道書言千載枸杞其形如犬故得枸名未悉然否集解生常山平澤阪岸及諸陵壍今處處有之春生苗葉如石榴葉而軟薄堪食其根幹高三五尺作叢六七月生小紫紅花結紅實形微長如棗核其根名地骨時珍謂古時枸杞地骨以常山爲上後世惟取陝西而又以甘州者絕佳今蘭州陵州九原以西並成大樹葉厚根粗河西甘州者子圓如櫻桃暴乾緊小少核乾亦紅潤甘美如葡萄可作果品異於他處沈存中筆談亦言陝西極邊生者其高逾丈可作柱木葉長數寸無刺根皮如厚樸入藥應以河西爲上也備要謂南方所產高數尺西北所產並成大樹本草云其性苦寒備要言甘平入滋補劑遼產輸出無多其品亦次

天精草

備要即枸杞葉性味甘苦而凉清上焦心肺客熱代茶治消渴古方葉根子並重今用者尠矣

地骨皮

綱目枸杞根味苦寒備要云淡甘而寒治五內邪熱兼補正氣別錄枸杞根大寒子微寒冬采根春夏采葉秋采莖實

蔓荊子

時珍曰其枝小弱如蔓故曰蔓荊集解蔓荊生水濱苗莖延蔓長丈餘因舊枝而生小葉五月葉成似杏葉六月有花紅白色黃蕊九月有實黑斑大如梧子而輕虛葉未凋以前采實性味辛苦而寒治頭面風虛之症用時蒂下有白膜一重去膜打碎

安息香

時珍曰其香辟惡安息諸邪按段成式酉陽雜俎云安息香樹出波斯國呼爲

避邪樹長亦有二三丈者皮色黃黑葉有四角經寒不凋二月開花色黃花心微碧不結實刻其樹皮膠出如飴六七月堅凝乃取之焚時通神避惡名安息香吉林外志謂長白山一帶出安樁香即安息香安樁者土名也

果部

松子

時珍曰松子出遼東雲南松鬚毬五鬣內結子集解松子狀如小栗三角其中仁味香美亦有南北之分產華陰者形小殼薄有斑極香塞上者肉香味美性甘溫潤肺胃除風散水治咳嗽長屬所產行消內地每歲約價值千餘金

榛子

集解生遼東山谷高丈許子如小栗軍行食之當糧止飢鄭元云關中甚多惟新羅者榛子肥白最良時珍曰榛樹低小如荊冬月開花如櫟花成條下垂三五相間一苞一實生青熟紅其殼厚而堅其仁白而圓大如杏仁亦有皮尖然

多空者諺云十榛九空陸機詩疏云榛有兩種有大小之分性味甘平調中開
胃長屬之榛行消關內價値約三倍於松子云

山楂

唐本草名赤爪子圖經名棠梂子食鑑名山裏果俗本俗作山查時珍曰赤爪
棠梂山查一物也古方罕用故唐本草雖有赤爪後人不知即此丹溪朱氏始
著山楂功效而後遂成要藥其類有二種一種小者可入藥用樹高數尺葉有
五尖椏間有刺三月內開五出之小白花實分赤黃二色形如小林檎如指頭
九月乃熟性味酸甘鹹溫消積散氣長地所產價値約東錢四千串云

核桃

綱目性甘平而溫蘇頌曰性熱不可多食皮濇斂肺定喘固腎濇精有金櫻蓮
鬚之功長屬山中所產甚夥惟皮厚而大堅多肉少其殼甚厚椎之方破與劉
恂嶺表錄所載山胡桃同入藥恐非上品也

穀菜部

蕎麥

詳見本志穀類備要性味甘寒降氣寬腸治腸胃沉積鍊五臟垢穢敷痘瘡解湯火傷虛寒人勿服綱目謂甘平寒思邈曰酸微寒食之難消久食動風葉下氣利耳目楷燒灰淋汁蜜收膏爛癰疽蝕惡肉最良遼產甚夥隨麥豆高粱亦行消外處云

山百合

拾遺此百合之野生者瓣斜長而味甘山人採貨之又云百合有三種白花者入藥紅花者名山丹黃花者不入藥舊說謂檀香百合可食虎皮百合食之傷人山百合花遲不香與百草鏡所云百合有三種大致相同百合以野生者良分甜苦二種甜者良取如荷花瓣無蒂無根者佳性甘平解傷寒及百合病尤治久嗽朱二允曰久嗽肺虛則宜斂百合之甘斂勝於五味之酸收長地野生

者頗多采而售之行消必廣

山丹

即紅花百合入食品不及白花者良綱目名紅百合時珍曰山丹根似百合小而瓣少莖亦短小其葉狹長而尖頗似柳葉與百合少異四月開花六瓣不四垂不結子其根氣味甘涼主治瘡癰驚邪婦女崩症花可和血蕊散疔毒惡瘡長地亦產山丹無貨者

薤

綱目名大葱時珍曰韭類也故字從韭薤數枝一本葉狀似韭韭葉中實而扁有劍脊薤葉中空如細葱而有稜氣亦如葱二月開細花紫白色根如小蒜一本數顆相依而生五月葉青即掘之否則肉不滿也性味辛平苦溫滑調中助陽利產安產白樂天詩云酥暖薤白酒以酥炒薤白入酒飲之可和血脈長地北產野薤性味畧同即爾雅白勁山薤是也又一種葉似金登稍闊而薄性味

尤遜

蔓菁子

別錄名蕪菁綱目名諸葛菜詳本志菜類子入藥性味苦辛時珍曰其性可升可降能汗能吐能下利小便明目解毒功用甚佳世罕知用何哉敷蜘蛛咬毒蔵器曰蔓菁園中無蜘蛛相避忌也根葉悉載本草敷一切瘡疽幷治陰囊如斗此物到處有之各消本地不足言外售云

蘑菰蕈

綱目甘寒無毒正要謂有毒動氣發病不可多食時珍謂化痰理氣諸書悉未發名功用近世醫家主提發小兒痘漿謂勝雞肉魚肉鮮而不生火蘑菰以西口産者爲良俗名口蘑緊小潔白如釘者呼爲蘑菰釘至片蘑花蘑均其次也長屬所産者近來歲値統計約八百金

木耳

綱目味甘平有小毒主治益氣不飢輕身强志時珍斷穀日治痔備要多食動風氣發病木耳惡蛇蟲經過者即有毒楓樹所生木耳食之令人笑不止赤色仰生夜視有光並有毒不可食誤食者宜搗冬瓜蔓汁解之長屬所産價值歲約二百金

金石部

金

按許氏說文五金黃爲之長綱目備要悉云辛平有毒要知性質堅剛重墜與血肉之體不宜服者致死非有毒也人被金銀灼者並不潰爛無毒明矣精金碎玉世之寶器豈有毒哉入藥特藉其寶氣也古方紅紫雪二丹皆金銀煮汁假其氣耳煎劑同藥並煮鎮心肝安魂魄治驚癎風熱肝胆各病長屬不乏金礦近未開採棄寶於地良可惜也

銀

綱目辛寒無毒主治與金礜同其質次之長屬有礦近未開採

浮石

綱目名海石舊名水花時珍曰浮石乃江海間細沙水沫凝聚日久而成狀如水沫及鐘乳石有細孔如蛀窠白色體虛入水即浮性味鹹寒潤下降火俞琰席上腐談云肝屬木當浮而反沈肺屬金當沈而反浮何也肝實而肺虛石入水即沈東海有浮水之石木入水即浮南海有沈水之香虛實之反如此長白臨江江源出長白山之天池水沫迴環波湧浪激日久多成浮石云

鳥獸部

雉

詳見本志釋名野雞雉肉綱目味酸微寒日華味平微毒不可常食損多益少利秋冬不利春夏死而爪甲不伸者尤不可食發五痔諸瘡孫思邈曰雉嘴燒研敷蟻瘻時珍曰雉腦塗凍瘡雉尾燒灰和油塗天火瘡雉屎主治久瘧不止

雉當時而食周禮庖人供六禽雉其一也亦食品之貴者諸書云有小毒不多食耳長產歲値東錢二百串

虎

詳見本志獸類長屬每歲獵得者價値約二千五百金全虎功用甚大特爲條列於左

虎骨

綱目味辛微熱虎屬金而制木故嘯則風生追風健骨定痛避邪治風痺攣拘驚悸癲癇犬咬骨哽等症以頭骨脛骨良藏器曰有威骨在脇破肉取之如乙字形可爲佩帶全骨配合熬膏傅貼筋骨各症功效甚著惟藥箭射者其毒入骨不可不察云

肉

綱目酸平微鹹宏景曰俗方言虎肉傷齒魯說正月食虎傷神主止嘔益力治

癖疾拾遺醉虎肉主治稀痘三岡識略壬子正月初十日福山戍卒縛醉虎獻於王大將軍將軍剮肉分貽郡紳之小兒食之云可以稀痘是虎正月亦可食

按虎食人與楊梆及狗皆醉寛游筆記載山人捕虎法虎嗜犬食之必醉如人中酒然以劣犬縛於山凹犬嗥不已虎聞聲而前果饜而醉不能遠去人跡而捕之百不失一

血

綱目壯神强志時珍曰飲虎血以壯神志抱樸子云三月三日取虎血雞血和初生草實服可以移形易貌

肚

綱目主治反胃

腎

綱目主治瘰癧時珍曰丹藥丸中用之

膽

綱目治小兒驚癇疳痢神驚拾遺治打傷垂死瘀血在心黃酒和研茯苓爲使陳酒爲引灌之立愈

睛

綱目虎睛多僞自獲乃眞凡用睛須問明獵人分雌雄老嫩中毒自死者勿用用則傷人用時以生羊血浸一宿漉出微火焙乾搗粉用虎睛丸治小兒百病時珍曰明目去翳備要虎睛散竹瀝爲引治小兒驚癇夜啼

鼻

別錄治癲疾小兒驚癇宏景曰懸戶宜男舊說懸虎鼻宜子孫此與古人胎敎欲見虎豹之義同取其以勇壯爲貴也

爪牙

別錄爪繫小兒臂避諸惡魅綱目牙治瘡疽殺蟲勞

皮

綱目治瘧疾避邪魅應劭風俗通云虎爲陽精百獸之長能避鬼魅今人中惡燒灰作飲或繫衣服皆甚驗也起居雜記云有瘡症勿臥虎豹皮毛入瘡有大毒不可不愼

鬚

宏景云治齒痛酉陽雜俎云許遠齒痛鄭思遠贈以虎鬚插齒際其痛立止

屎 屎中骨

別錄敷惡瘡時珍曰療瘭疽痔漏研酒服治獸骨鯁屎中骨研屑治火瘡及破傷風等症

魄

綱目主治驚邪避惡鎭心藏器曰凡骨夜視一目放光一目視物獵人候而射之努箭纔及目光即墮入地得之如白石者是也宗奭曰陳氏所謂乙骨及目

光墮地之說終不免於誣時珍曰乙骨之說不爲怪目光墮地亦猶人縊死者魄入於地隨及掘之狀如麩灰之義按茅亭客話云獵人殺虎記其頭項之處月黑掘下尺餘得物狀如石子琥珀此虎之精魄流入地下所凝主治小兒驚癇之疾其說甚詳寇氏尙未達此理耳

油

物理小識謂虎一身皆入藥本草未載虎油之功其油治臁瘡及大麻瘋塗之即愈按綱目載膏脂治狗嚙瘡及五痔下血等症時珍曰治小兒頭瘡白禿服之止反胃藥性考所載與綱目主治相同油膏本入藥也

豹

詳見本志長屬獵豹貨皮價值約千六百金藏器曰豹皮生瘡者不可臥毛入瘡有毒與起居雜記所載相同

豹骨

綱目惟載頭骨燒灰淋汁主治頭風白屑時珍曰按五行志載豹骨作枕避邪

肉

綱目酸平無毒思邈曰正月勿食傷神損壽別錄多食利人安五臟補絕傷輕身壯筋骨宗奭曰此獸猛捷過虎食肉有以上各益舊說食豹肉令人志氣粗豪食之便覺少頃即化久食亦然

脂 鼻

綱目脂能生髮朝塗暮生鼻時珍曰按外臺治夢與鬼交避狐狸精魅

熊

詳見本志長屬每歲所得價值約東錢萬串

熊掌

綱目禦風寒益氣力

脂

綱目熊白宏景曰熊白乃背肪也色白如玉味甚美性甘微寒亦云微溫寒月則有夏月則無腹中肪及身中脂鍊膏入藥而不中噉別錄云不可燃燈其煙損目失明主治筋急風痺不仁數頭瘡白禿長髮澤面酒鍊冲服補虛損殺勞蟲並止飲食嘔吐

肉

性味與脂同主治亦同宏景曰有痼疾不可食食之終身不除若腹有積聚寒熱之類十月勿食食之傷神與正月之虎豹等古方熊肉可補虛羸時珍曰按劉河間云熊肉振羸兎目明覩皆氣有餘始補不足也

膽

備要性味苦寒涼心平肝明目殺蟲治驚癇五痔塗之即愈古方主治時氣盛熱變爲黃胆暑月酒病心痛等症服甚殺幷傳諸疳惡瘡功用甚大惟僞者甚多舊說但取一粒滴水中一道若線者眞時珍曰熊胆佳者通明以一粒點水

運轉如飛者良餘胆亦轉但緩耳周密齊東野語云熊胆性喜避塵拂塵水上投膽少許豁然而開

腦 髓

綱目主諸聾瘵頭旋摩頂去白禿風屑生髮髓主治相同

血 骨

綱目主治小兒客忤骨作湯浴歷節風及小兒客忤

鹿

詳見本志長屬所得歲值三四千金藥入配全鹿丸悉取生鹿云

鹿茸

綱目性甘溫別錄酸微溫備要鹹熱純陽治一功虛損勞傷茸初生適寸分歧如鞍紅如瑪瑙破之如朽木者良不可鼻臭有蟲入顙取之得時太嫩亦血不足抱樸子云得鹿以活爲貴取茸然後斃之者以血未散也不破未出血者最

難得獵人得鹿死者居多收藏不宜易臭而力減沈存中筆談云凡含血之物肉易長筋次之骨最難人生二十歲骨髓方堅麋鹿角及兩月有至二十斤者凡骨之生無速於此草木不及頭爲諸陽之會鍾於茸角豈與凡血比哉故取茸有時過期則有毫釐千里之差也

角

綱目鹹溫備要生用則散熱行血消腫避邪治夢與鬼交鍊霜造膠則專於滋補時珍曰鹿乃仙獸純陽多壽能通督脈非良草不食故其角肉食之有益無損鹿一名斑龍西蜀道士貨斑龍丸歌曰尾閭不禁滄海竭九轉靈丹都漫說惟有斑龍頂上珠能補玉堂關下穴蓋用茸角霜膠所配耳

齒 骨

綱目主治鼠瘻流血心腹疼痛綱目云味甘微熱安胎下氣酒浸補骨除風燒灰治小兒洞注下痢

肉

綱目性味甘溫補中益氣秋深冬月堪食白臆豹文者不可食炙之不動見水而動暴之不燥者並傷人同雉鮑蝦蒲等味並食發惡瘡禮云食鹿去胃頭肉作膠彌良兼治消渴夜夢鬼物蹄肉治諸脚風膝骨疼痛不能履地專用鹿蹄以氣感也

脂

綱目主治癰腫頭風活四肢通腠理

髓 腦

綱目性味甘溫治丈夫女子傷中絕脈補陰強陽生精益髓腦潤面澤肌刺入肉不出敷之半日即愈

精

綱目主治益虛癃補勞損古方有鹿峻凡取精配合者也大起虛癃瘵危取精

之法以牡鹿欄䕶之以牝欲合不得精自流溢鋪以蕉葉蓋以磁器收而藏之
入滋補劑絕上品也

血

時珍曰大補虛損益精血解痘毒及藥毒

腎 膽

綱目味甘平補腎壯陽入補劑良羸弱者可用膽綱目苦寒時珍曰主治消腫
散毒

髓 皮

綱目治氣痿酒炙乾再入酒中含嚥其汁皮時珍曰燒灰和豬脂傅一切漏瘡

糞

經驗良方治經久不產乾濕糞各三錢研末薑湯冲服立效並解諸毒

胎

瀕湖綱目於鹿全身諸條發明惟胎之主治少畧拾遺另例鹿胎一條詳辯可采錄出以補其遺凡胎中鹿其嘴尾蹄跲與生鹿無異色淺形瘦若色深形肥者爲麞胎慎勿誤用能損眞陽若獐胎與鹿胎相類但色皎白且其下唇不若鹿之長於上唇也其他雜獸之胎與鹿總不相類眞者氣味甘溫補陽益精大助眞元近世補劑彌重之

乳餅

茗陰札記孝豐深山產鹿土人計其產子時夜伺洞澗鹿乳子必五更乳畢出洞至暮方歸每日乳小鹿一次食乳於腹十二小餅每一時消餅土人俟母鹿出洞即取乳鹿而歸剖腹出餅持貨他方價値兼金餅式如雲南棋子大色微黃久乾作老黃色腥氣最烈食之大能强陰起命門衰火於老羸虛損怯弱最宜發小兒痘漿通女子血脉乳餅綱目失載前或未發明不以爲珍品故拾遺載乳餅一條姑誌之以廣傳聞今長郡亦未聞以乳餅貨也

脛骨

綱目鹿條詳列鹿骨指全體而言至脛骨不聞有用法今時醫有斑龍散純取脛骨此藥去毒生肌收口甚速惟煨研時以黃色爲度如焦黑則過性無用矣

此條採諸拾遺

麋

詳見本志綱目謂麋肉甘溫補五臟之氣時珍則謂鹿以陽爲體其肉性煖麋以陰爲體其肉性寒觀此則別錄之麋脂瘀陽孟詵云麋肉弱房及角肉不同功用之說亦此意也妊婦尤不可食至麋脂辛溫主治癰腫惡瘡四肢攣拘及骨治虛勞皮除脚氣引諸方書未悉驗否今備採之以資考證

茸

採亦有時收藏修治同於鹿茸綱目性味甘溫時珍曰主治陰虛勞損筋骨腰膝一功酸痛其功勝於鹿茸古方重之

角

綱目甘熱滋陰養血與茸同功備要云鹿陽獸喜居山麋陰獸喜居澤麋似鹿色青而大性皆淫一牡輒交十餘牝鹿補陽麋補陰故夏至鹿角解冬至麋角解也謊鹿茸角罕能分別雷斅曰鹿角勝麋角而孟詵蘇恭蘇頌並云麋角麋膠勝於鹿獨時珍謂鹿補右腎精氣麋補左腎血氣揭千古之微秘發前人未發之理足以破醫家之聚訟也

麅

詳見本志綱目載麅肉甘溫補益五臟釀酒並有袪風之功正誤據孟詵云麅中往往得香如栗大不能全香亦治惡病時珍曰麅無香有香者皆麝類俗稱麝為香獐是也今並正之

麝香

麝見本志爾雅名射父時珍曰俗呼香麝其香在臍見人捕之自行剔出其香

是爲生香猶難得其香聚處草木皆黄市人或攙荔枝核僞之忌蒜不可近鼻防蝕入腦與茸相類香中以當門子爲猶良性味辛溫遠竄開經絡通諸竅凡用麝香不可太過以香烈入髓耳長人所獵麝臍歲約東錢二十串蓋麝以內省西地南方者良遼產次之

野豬

詳見本志綱目肉味甘平治癲癇腸風瀉血久痔臘月鍊脂冲服令婦多乳除風腫治疥癬膽治毒瘡及小兒疳症齒燒灰敷毒蛇咬頭骨主治邪瘧積年下血外腎連皮燒灰存性治崩中帶下瀉血血淋皮燒灰塗鼠瘻惡瘡豬黄生膽中三年始成亦不常有性味甘平主治金瘡止血生肌袪惡毒小兒癲癇血痢狂病肝病客忤天吊等症功用頗多獵人往往忽之

山羊血

山羊詳見本志綱目載山羊肉性味甘熱治筋骨急強虛勞冷勞山嵐瘧痢婦

人赤白帶下利產婦不利時疾於血獨失載近世不主用肉惟血爲醫家所珍惜眞者難得特採拾遺所載補之其血治跌損傷及諸血症凡撲跌氣未絕者以一分和酒飲之遂甦神效立見惜性喜險高歷險生捕最難得者以竹鋒活刺取血陰乾可以攜遠宰取者不堪矣凡物以心爲主山羊性活心血尤良近世醫家以心陰乾研用亦不離宗旨也拾遺謂山羊油治心疝及疝症山羊糞治心痛不分遠年近年立效幷入外科收口藥方主潰爛生肌治痔神尤神足補本草諸書所未備惟胎未經諸家發明功用獵人往往混別胎以售當細辨也山羊以蜀滇粤產爲良遼產行銷本省長屬所得歲值亦約四百金

狐

詳見本志綱目載狐肉甘溫無毒治瘡疥不瘥去風補虛邪氣蠱毒皆宜食之禮云食狐去首爲害人也孟詵謂肉有小毒五臟及腸肚苦微寒有毒主治蠱毒惡瘡疥狐魅醫瘧疾小兒驚癇大人見鬼然用者卒尠惟肝燒灰治風癇破

傷風口緊搐强古方中之狐肝散衛生寶鑑中神應散普濟中之金烏散並用之陰莖綱目謂甘微寒有毒主治絕產陰癢陰癩陰脫陰匶時珍謂狐頭燒灰傅瘰癧狐目治破傷風狐鼻治狐魅病狐唇治惡刺入肉狐涎入媚藥狐尾避邪魅狐皮燒灰避惡狐四足治痔漏雄狐糞治瘟疫治肝氣心痛諸方散見群書綱目博採彙收未悉驗否 因長屬產狐輩而識之

貉

詳見本志蘇頌圖經謂貉甘瘟無毒主治臟腑虛勞女子虛憊 長屬偶獲所產無多

貛油

詳見本志綱目肉甘酸平 無毒蘇頌圖經治小兒疳瘦殺蛕蟲舊說貛皮為褥益痔瘡功用綴矣油拾遺謂貛油力凝燃火禦風不滅入膏拔濕如神療白禿痔瘡擦火烤瘡尤神效欬血哽噎胸中忼忼氣如蟲行貛油和酒飲下自消其

油功效頗著綱目失載近世多用推行甚廣

豺

詳見本志綱目豺肉酸熱有毒皮治冷痺軟脚氣之即愈燒灰酒服治疳症及腹中瘠症

狼

詳見本志綱目謂狼肉鹹熱無毒塡骨髓袪積冷時珍曰狼牙佩之避惡研服治猘犬傷聖惠良方謂服喉嚨治噎病皮避邪惡去頭風正要尾避邪外臺糞瘰治癄千金方屎中骨止小兒夜啼經驗良方治破傷風各方雜見他書未悉驗否長屬獵得者取皮售之歲值約八百金

脂

拾遺云狼性追風逆行其糞燒烟逆行而上燒灰水服治骨鯁性逆行而無沮滯也狼脂摩風首而本草不錄亦一欠事周禮冬獻狼取其膏聚也綱目狼膏

下瀨湖僅據正要載其潤燥澤肌塗惡瘡而已不知其大功在驅逐風邪散逆結之氣何可昧也故急補之原爲之發明曰入風膏能除積久之風痺和酒服能散逆結之滯氣

兎

詳見本志綱目肉辛平補中益氣孟詵曰酸冷時珍曰甘寒宏景曰妊婦忌食不同芥食藏器曰不可久食死而眼合不可食惟八九十三月食之爲宜崔元亮海上方治消渴羸瘦藥性小兒臘月食兎醬稀豆瘡時珍曰解熱毒利大腸綱目謂血鹹寒主涼血和血解胎中熱毒催生易產腦髓塗痘瘡滴耳聾催生滑胎骨治內熱消渴霍亂吐痢鬼疰瘡疥刺風頭風味甘酸平連毛燒灰和酒治頭眩癲疾婦人難產餘血不下產後陰脫煮汁治小兒疳痢消渴並敷瘻疾惡瘡皮毛燒灰治難產胎衣不下餘血搶心用臘月收者良諸方綱目博採羣書兼收並載未悉驗否惟兎肝明目經汪氏昂發明確然有效備要未載肉血

皆有功用想他方亦非無據云

明月砂

備要即兎糞主治殺蟲明目勞瘵五痔痘後生翳立可見效近世醫家益重之

獺

詳見本志綱目謂獺肉甘鹹而寒療疫氣除瘟病治婦科骨蒸血勞宏景曰不可同兎肉食腎益男子膽治眼疾髓去瘢痕骨下魚鯁並止嘔吐獺足治手足皴裂研末酒服並殺勞蟲皮毛煮汁飲利水穢病糞敷魚臍瘡神效服之治下痢獺之全條惟肝功用甚大備要深爲發明茲特條列於後以資功效

肝

綱目甘溫有毒甄權曰鹹熱無毒備要甘鹹而溫蘇頌曰獺肉五臟皆寒惟肝獨溫益陰補虛殺蟲止嗽治傳尸鬼疰有神功疰症有三十三種變至九十九種傳染滅門古方獺肝丸主治尸疰鬼疰獺肝一月一葉其間又有退葉他獸

肝皆有葉數惟獺肝獨異須於獺身取下者乃眞不爾多僞

獮猴

猨也俗作猿詳見本志綱目謂猿肉酸平無毒唐慎微曰釀酒治風勞作脯治久瘧時珍曰食之避瘴疫頭骨治瘴瘧鬼瘧手治小兒驚癇口噤屎治小兒臍風撮口急驚塗蜘蛛咬皮治高瘟

經

拾遺猴經入藥名申紅深山羣猴聚處極多覓者於草間得之紫黑成塊夾細草屑母猴月水乾成治乾血勞極良時珍曰猴經粘草馬食之則百病不生故畜馬者畜母猴未言治他症諸書未詳今據拾遺採而出之以廣功用

貂鼠

爾雅翼曰松鼠好食栗土人名松狗按許氏說文貂鼠尾大黃黑色出丁零國今高麗遼東多有之大者如獺尾粗毛深寸許蔚而不耀飾爲裘帽風領得風

更暖濯水不濡得雪即消拂面如毯拭眯即出亦奇物也拾遺云燒貂鼠尾存性敷凍瘡即愈綱目惟載其肉甘平無主治皮毛拭目眯塵沙而遺尾之功用故爲補之長人售灰鼠皮者甚夥貨貂鼠皮者尠住長半歲只見其二大如水獺行甚遠想所產亦無多也

鱗介昆蟲部

蛇退

綱目名龍退本經名龍子衣性鹹平而甘無毒甄權曰有毒備要鹹甘無毒避邪惡治鬼魅蠱毒而善祛風治驚癇風瘧喉風殺蟲一切瘡瘍腫毒妊婦忌用邇產諸蛇悉不入藥即蛇退亦來自南方惟土人得蛇退售諸市中藥人亦間用之取色白如銀者良

眞珠

綱目甘鹹性寒諺云上己有風梨有蠹中秋無月蚌無珠其質感水精而孕故

能制火入心肝二經鎮心安魂墜痰去翳一切瘡毒收口生肌功效極良藥中上品也滿洲自古產珠惟長屬一帶無多亦尠巨者故採得亦無定值云

蜂蜜

備要蜜以白膏良衆草木菁英合露氣以釀成生凉清熱熟溫補中甘解毒柔潤燥除百病和百藥與甘草同功多食滑腸泄瀉與中滿者忌之遼省頗多售諸內省

黄蠟

綱目甘溫無毒備要云止痛生肌療下痢續絕傷按蠟皆蜂釀而成一經煎洗蜜味至甘蠟味至淡故言無味者謂之嚼蠟入藥亦良品也

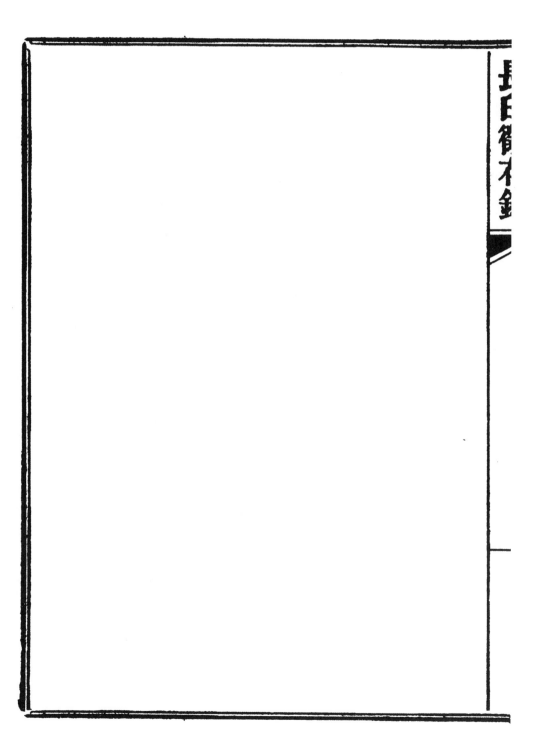

長白徵存錄卷七

文牘

總序

性道與文章古今並重班孟堅漢書列藝文志遂爲歷代史例漢唐以降凡國史邑乘皆載藝文所以闡微言餉後學也康乾之世鴻儒博學翊贊休明
皇上幾務之暇猶與翰苑詞臣研究典章唱和詩詠以鳴
國家之盛文足經世藝能通道懿歟鑠哉咸同以來馳騁浮華文敝之患及於政法識者病之現羣雄角勝抑文揚武運會所趨士風亦變談文藝者非迂則腐長郡與日韓爲隣鼙鼓之音思在將帥文如陸賈不與焉況其下焉者乎徵存一錄所以列文藝者時爲之也矧復當僻陋之區文獻闕如微特瑤篇鉅製灰同浩刧即擬索一二殘碑斷碣吉光片羽亦如象罔求珠不數數覯更何藝文之足錄耶顧藝文者立言不朽之一其因時因地而條晰臚列固不敢以藝文

自矜要亦有與時局相關係者似亦可博採兼收以實之有道莊子云小夫之知不離竿牘竿牘者取筆牘而受之者也茲特沿小夫之例列文牘一門

擬通籌長郡善後十策以固邊防案

竊維邊疆設治與腹地不同腹地注重在吏治邊疆注重在軍政建造之初須通盤籌畫俾協機宜預定捍邊之策否則臨時倉猝吏才亦無所施矣署址形勢業經繪圖呈

覽現正派員督飭加工趕造尅期蕆事但署工爲目前要點一應善後事宜猶當知己知彼援古証今而早爲之備查建署地方在梨樹溝左偏迤西有古塔一座故名曰塔甸南襟鴨水北負龍岡長白山皆劃歸轄境之內以長白命郡示不忘我

朝發祥之義仰觀天文則星分箕宿歷攷地理嬴秦以上總名肅愼漢號樂浪郡唐宋稱羈縻州疆域沿革史册闕如金太祖崛起海州長山左右劃歸海蘭一路遼屬上京元隸開元明轄三萬衛沿革雖殊總不離重鎮者近是遼金以來定鼎中原而江北山南之間或建都督府或置宣慰司或分白山部或增屯田

貳萬府藉重鎮以控嚴疆古今一轍我
朝入關以後奉
旨封禁垂二百餘年渠同甌脫致令强敵垂涎岌岌可危今幸我
憲台訏謨遠識思患預防既擬增設府治屏翰京陲復令勘設安撫兩縣治以盾其後聯絡一氣實爲守邊要策前禀將榮生保仍予臨江正使守斯土者衆精留神整齊邊務力控上游所最可慮者道多梗塞有土地而無人民地介要荒有關隘而無守戍自八道溝以上韓籍浮於土著目前之糾葛良多近鴨綠江以南日隊寓於工兵日後之燎原必烈今建署地段又與惠山鎮東西斜對僅隔一江之險此皆腹心之患兵家所謂危地者此也現與駐該鎮日本營林厰事務官一柳藤市陸軍炮兵太尉靑山貞次郎來往晤談誼頗接洽並有兩岸偶遇交涉無人商辦亦急望貴國設署建官等語職等當即宣告憲諭此次建署亦專爲保護商民永篤邦交起見就現象論辨理倘稱順手故凡所應辦

事宜總擬徑赴直追一氣呵成以期迅速緣該鎮日官晝夜經營設電置郵已詳前報今年房屋兵民較去歲加倍近建署一舉彼更兼程併進爭著先鞭對鏡以觀將欲固吾圉也亟應層層部勒密密防閑務所以抵制之方抵制於有形則占江權駐工兵籤韓籍崇府體捷交通是也抵制於無形則勵邊吏闢荒徵通銀幣儲餉糈擴學務是也以上十策授之以地度之以時識之以民情機之所趨勢不容緩果能實行此策三年之內規模粗具再越數年逐加完備五六年之經營門庭已固東顧可無虞矣若事機一失後將噬臍雖有基礎徒以資敵大局尙堪問耶各國政治於關係全局地方每不惜重資以宏其展佈日本之經營大連灣與高麗之北青惠山鎮等處是其明驗職等才短學疏叨蒙委任夙夜兢兢惟恐隕越貽笑外人既有所見詎安緘默除應須款目若干並如何指撥容當面聆

訓示外所有通籌全局條陳善後十策以固邊防緣由理合縷晰稟呈上備

甄採伏乞

憲台查核施行

計開

一占江權　鴨綠江即古馬訾水自長白山南麓發源匯佟家江歷塔甸臨江輯安蘇甸城抵安東皆其流域處處與韓對岸現日人由惠山鎮以至安東中間如新牌城下長里等處皆駐有巡兵憲兵陸岸佈置日益嚴密去年又製造江槽數隻由安東運貨直抵惠山鎮以故該鎮物價頗廉水陸交爭利權與江權日失而由臨抵塔自十二道以上右岸山路未開尚須沿韓境行一百餘里方能抵塔若不及早籌畫府署隔絕一方勢如窮域今既擬開通陸路而水路尤不可讓人計惟飭令長白府臨江輯安安東各府縣通力合辦各造江槽四隻限三個月報竣包載商貨上下接運尤爲捷便目前暫行試辦久之航線熟悉逐加開鑿江路既通商民不招自來此後江巡尚可次第籌設庶江權不至全

失矣

一駐工兵　日人北靑鐵路將抵極東之會寧府平壤鐵路由安東迤北至奉天至長春吉長鐵路一成又折而東與會寧府迤應東西環抱數千里所隔者長白山與圖們松花兩江之源今既設治長白並於龍岡後增設兩縣正扼其衝兵家云兵無形也以敵人之形爲形就現形論戰兵有碍公法對岸皆工兵我即以工兵應之彼亦無詞其駐在地方以長白山四合頂爲中堅（此地爲三道溝八道溝並十八九溝交尾處各有小徑可通地稱平衍）以塔甸爲左翼與惠山鎮對峙以臨江爲右翼與下長里對峙此就長臨駐紮而言若規東南大局則安東應設重鎮與塔甸爲聲援仍以四合頂爲後勁作犄角形中間沿江一帶節節分防量地勢之險夷定兵額之多寡建署以後或招或調先籌足一營陸續增加語云將不守邊以國予敵則工兵不可不備也

一隸韓籍　臨江柴慶長三保韓民越墾歷年已久其中原因有三一係國初韓

官姜功烈投誠覩韓民若華氓任令自便一係華民稀少雇作傭工一係韓民瘠苦窮嚴邃谷越界偷墾惟今昔時局不同光緒二十五年中韓條約第十二款內載有邊民已經越墾者聽其安業俾保性命財產以後如有潛越邊界者彼此均應禁止等語已屬法外之仁伊時韓國尚爲自主今則韓護於日後患滋劇應籌訂完全辦法韓氓雖經越墾尚無管領之權公法籍例綦嚴一人無分隸兩國之理勒期回籍爲上策歸化入籍扣除本國籍貫與華民一律看待爲中策博寬大之名愛護僑民馴良者知感不肖者則藉日爲符無法可治敷衍目前爲下策按今之勢行上策難惟參用中下兩策調查二十五年以前戶口淸釐籍額安其既往絕其後來教養兼施歸化出於至誠仍照公法籍例嚴定籍約斬去跨籍轇轕是在良有司治理何如耳

一捷交通　長郡孤峙海隅交通一滯常變俱不可支常時農商裹足無民何官變則窮城坐困有寇無兵消息不靈職爲心疚交通之法一郵二電三鐵路鐵

路費距離籌郵電費省易辦電較郵尤捷輿京以東杪松最夥電杆一項就地取材用之不盡省錢多矣林子頭工竣擬即移修由臨赴塔之平岡路平且直延長四百餘里當飭勘界員詳細踏查此路一開概不假道鄰封其平時商賈貿遷絡繹道途猶其次也一旦有警遞之以電報濟之以援兵信息靈而往來速尤可恃以不恐現日本郵電已設又籌輕便鐵路一遲一速勝敗攸分坐而待斃非策也

一崇府體　府不轄縣不掌兵宜於治理碍於邊防邊庭有急聲援竟絕寸鐵無憑是以肉餧虎之計也長白一郡應予以特别之權准將通臨安撫四縣一併劃歸轄境遇有變亂權力所及指揮亦靈凡所應需物件均可責成該縣隨時供給不至坐困一隅并將所駐工隊弁勇一併歸其調遣以資策應漢制太守皆掌兵李北平所以威攝匈奴者職此之由今宜仿照漢制崇其體制予以兵權俾緩急可以相需有裨邊防實非淺鮮否則增設道員駐紮臨江名爲上江

道臨江以下爲下江與東邊道分轄上下江防以資鎮攝其體制較崇而部署尤爲嚴密且塔甸距安東一千餘里時局瞬息千變遥遥相制鞭長何及此又不可不深長思也

一勵邊吏　守邊之吏若與內地州縣一例升遷何以昭寵異而勵賢能邊風不靖選吏維艱一要諳外交二要通兵學三要嫻新政全才不易覯三者有其二一經獎勵便作循良擬請此後輯臨各縣僻處邊徼無論署任實缺總視該員曾否具有以上三要之資格方准委任及到任後以三年爲限仿照直隸沿河州縣之例一二次安瀾保以尋常勞績三年保以異常此時邊要倍於河工更宜破格獎才特定邊防保案其幹練勤勞防邊有成效者褒之以勤章（如漢代二千石有治行者增秩賜金即今之加級紀錄）寵之以升階（如漢代郡國內侯入爲公卿　國初州縣有政績者可擢爲御史上年亦有旨）如果才猷卓越膽識兼優之員尤當不次超遷以儲邊疆之選古者以將守邊趙充國屯田部勒羌叔子鈐閣清嚴寓吏治於將略史冊稱之今以吏守邊則寓將於吏應如何特別獎

勵之處尙祈
飭令廳司預定奬章以裨邊務而勸將來
一闢荒徼　木植公司一立斧柯倒持邊民命脈注在墾荒及此不圖生計絕矣官斯土者指何仰給千里乞糧不斃何待查沿江墾地窮民山左十之五高麗十之三四安東關左不及十之一二地浮於民力何能勝移民墾荒款更不敷現遠近民人聞塔甸建署道路相傳願領荒者甚夥擬參用屯田法分爲三等農夫出彊負耒而來是謂民屯工隊巡警就地開墾是謂兵屯富商巨賈有財無人備工耕作是謂商屯槪不索價既領之後勒限開種驗限交還以備他人轉領又有一提倡法各省添設農務學堂暨農務試驗場類皆假外洋方法强令邊地爲良並侈語機器肥料欺飾愚氓虛糜帑金不識周禮物土之宜四字作何詮解東山地博土肥不糞而穫若提農務學堂虛糜之欵移墾邊荒現長署西邊覓有山地一段縱橫三百餘畝既碩且平闢爲農務試驗場選二三五精

於農學之畢業生參酌洋法土法實地考驗總以有裨邊氓爲目的同一資錢也而試於邊疆較勝於內地者實多矣

一通銀幣　幣不流通邊財益竭譬如人有軀殼無血脈其何能瘳塔甸集鎮一空日用所需仰給惠山鎮洋商居奇壟斷覩我建署人多物少立變方針專用日洋以華洋購物每元貼二角半不要華帖日脧月削操算在人設有變亂束手何堪勢非設銀號不可開辦之初本金號夥概不必多酌提五千金選舉一二幹商相機籌畫逐漸擴張毋拘內地例章因地制宜非徒資變通也且以謀生聚邊庭物產豐饒拚資廣購儲備商民買賣以母權子母必不虧并由內地購運雜貨廉定脚力減售貧民市面疏通有贏無絀日不能攫我利權我自能保厥商民於國無損於民有益惟銀行是賴

一儲餉需　去年安東木稅准撥銀十萬兩曾經稟明在案設署以後可否垂爲定欵專備餉需因請

飭下東邊道核准禀覆存案飭遵以便指撥此外需欵甚多在在仰給公家恐難源源接濟計惟多方儲蓄以裕餉源臨江舊有木稅一項每木一排納捐銀三兩是爲地方稅各國皆有此名目與國家稅並行不悖將來木植公司釐訂詳細章程此項由地方官照舊抽納以便辦公至長臨如何劃撥臨時核辦署工竣後擬仿照天津建造局章程修蓋房屋若干間酌定租價准備商人僦居營業約計千金蓋房每年可租三百金若能提出公款一萬金三年歸母三年後子利相權足資挹注現通臨商號願來者頗夥苦無市房可租果如此法既廣招徠兼無賠累且官銀號於通財中而兼生財尚可酌提數成併作軍需專款除以上各款外並可就地籌辦實在不敷尚鉅再請指撥

一擴學警　學警今之要政婦孺皆知邊郡民稀盜夥學不敷額勇多野蠻拘守例章何裨實用警章例重站岡邊巡譏在捕盜尤在防邊教授應分兩層健兒有勇無識編輯邊白警規口授大義畧識宗旨便充警額幼童性稺年富由淺

諳深一切警章務增完備且須寄軍政於巡警以儲濟變之才郡治應立中學堂安撫甫設縣治輯臨學生亦少不特中學額不敷即初等學齡從何選入學校不廣士氣愈灰氣以合羣而壯才經歷練而成奉省文武學堂日益加增獨之需款也儻能移建邊庭數座畢業後予以特別文憑識時之彥聞風競赴文學則增課外交公法東文東語各門武備則操習山川險要爲實地之調查工課餘暇登山遠眺對岸是敵觸目驚心使人人有虎狼橫噬之危懼時時存保衛家國之思想其平日揆文奮武念慮精神必別有一番振作勢果如此邊務尙無起色人才尙不奮興萬萬無此理

光緒三十四年八月初六日奉

督憲徐撫憲陳批　呈摺均悉擬籌十策規畫周密語語扼要具見才識勝人除墾韓籍崇體制訂幣章屯墾餉需各條應候飭廳司分別核議具復再行飭知核辦外餘條仰即照所議次第認眞籌辦並將辦理情形隨時呈報務期愼始圖終

毋負委任有厚望焉繳摺存

鑒訂邊郡內治分別宏綱細目禀

竊維長白增設府治業蒙

奏准飭知在案前擬善後十策統就邊防吏治而言現長臨已勘定八道溝分界溝東長慶兩堡應歸長郡治理署房二十八間十一月杪亦皆告成祇有大堂儀門院牆不在原包之數俟明春再行估修並一切裱糊等費彙總報銷就目前觀不過規模粗具然紳民耳目一新望治如望歲亟應開章明義潤色鴻猷一洗數千年邊荒之陋茲特因地而治樹大綱以絜要分細目以理繁遴委賢能相助爲理冀與東山父老恢皇我治理鞏固我邊陲夫所謂大綱者何曰行政曰司法二者盡之矣衙署向分六房三班缺繁者輒增承東庫各房東西上下各班一署之內刁吏盈門虎役環噬作奸犯科誅不勝誅防不勝防擬趁茲開創之初斬鋤房班之窠臼分設行政司法兩科爲政法總匯機關凡關乎治

安者統隸行政科關乎詞訟者統隸司法科兩科並立條目分列所有邊郡一應事宜當即隨科分股按股任能以定名稱而一事權除查照今年勘界測繪書記各員司量予委派以資熟手外餘如學務法律編輯各員已由省延訂中學稍深者分司其事至於商務鑛務農務營造工程另有一種材能容再酌量延訂寧缺毋濫庶幾事有統轄款不虛糜現值立憲時代以三權分立中央集權爲主義竊以爲中央集權之說內而樞府外而督撫再次而府州縣皆宜推廣而變通之以爲憲政之預備蓋樞府者全國之中央督撫者各省之中央府州縣者亦該管地方之一小中央也權不分則力難獨勝權不集則事無統轄是以分綱列目於清釐邊政之中隱寓基礎憲政之意除諮議自治統計各項容俟察看邊徼情形再行遵辦外所有釐訂邊郡內治分別宏綱細目次第實行緣由理合繕具清摺呈請

查核施行

宣統元年正月二十七日奉

督憲批呈摺均悉所陳內治綱目畫分行政司法兩科蕩廓從前胥吏積弊具見規畫深心仰該守認眞督率馴致治理有厚望焉繳摺存

江艚運移民眷免給船價以廣招徠稟

竊查長慶戶口土廣民稀男多女少生聚教訓窒碍良多自去年設治後已有紛紛接眷之議祗因由山左登萊靑等處航海至安東水脚較輕籌措尙易由安東至長白陸路費重措資維艱且數千里攜帶女眷沿途州縣各村莊尙多盤阻茲特從權辦理准兩堡戶人眷口由安東搭坐江艚免給船價以昭體恤

國家設官以爲民也苟無民何有國公劉遷豳太王遷岐皆山荒未闢之區而一則爲之積倉一則使之無怨無曠遂成周家不拔之基現長郡衙署左右不過八九家負郭之民通計兩堡戶口亦僅有一千餘名之譜公欵支絀遷民徒託空談祗好爲此變通之策以副我

憲台軫恤邊氓之至意除將江巡客貨另訂詳章外所有江艚運移民眷免給船價以廣招徠緣由理合呈請
鑒核批示祇遵實爲公便
宣統元年閏二月初六日奉
督撫憲批呈悉江艚運移民眷免收船費體恤民艱用意良是所請應准照辦繳

請欵試辦銀號稟

案查前陳善後十策列有設立銀號一條稟蒙
欽憲批准施行在案現長郡劃分市廛遐邇商賈紛紛具領前來顧有發達之機所慮者邊荒錢困商人懷璧而往僉稱不便勢非藉官力以濟商艱竊恐始基甫立後難爲繼一鼓再衰仍多滯碍查委員先後所領欵項祇以備設治修工一切薪津餉需而於地方應辦公益不敢顧此失彼致悞要工大學言治平終以生財實爲全部扼要之言就長郡目前論委員薪津工兵餉項食用日繁而

生之爲之之方尚未籌及今日請某欵明日請某費簡牘紛煩至某欵某費批准核發之時而此處用之已盡倘望異日取之不竭耶　委員　焦思彈慮深知憲台籌款之艱各處撥款之滯計無所施祇有權變通融之一法管子云積於不涸之倉藏於不竭之府此即大學所謂生之爲之之方長郡設立之初諸端待理而欲求其不涸不竭應以銀號爲通財之機關以農工商礦等項爲生財之實際自係不易辦法擬請飭由省城官銀號借撥銀二萬兩作爲長郡銀號本金試辦三年每年由長郡銀號按四釐出息第一年創辦伊始懇請從寬免利一年以後年清年息扣至三年期限如果查無成效飭令原本繳還倘能於公益上成效昭著尚應寬限歸本以第四年起限每年歸本五千四年繳清原本下餘應得利益儲作長郡永遠本金以資流轉於官銀號毫無損於長郡大有益凡商務農務礦務以及營造工程購備各色土貨均可逐漸推行一舉而數善備焉如設治修工項下薪餉偶有不濟准暫時移挪數不得過二千金時

不得踰三個月即須歸還以爲專辦公益之用惟官長升調靡常公款絲毫爲
爲重又未便漫無稽察致涉虧公當仍豫訂嚴章將此項公款列入交代稟請
存案無論新舊交卸先將出入存放額目另繕册結移交不准稍涉含糊如有
私吞擅挪情弊准後任據實稟揭勒期追繳至於員司弁勇更不得絲毫挪借
致紊定章委員爲疏通錢法振興公益起見故不憚苦心經營冀稍裨於萬一
如蒙
依允遵即派員赴官銀號投具關領以明年爲試辦之始倘委員經手期內辦
理失當或有移挪等弊當請
欽憲先行嚴譴以爲遵守不力者戒所有請款試辦銀號以濬財源而興公益緣
由理合繕具試辦規則十二條呈請
查核批准施行實爲公便
宣統元年二月初四日奉

督憲批據呈借欵試辦官銀號所議甚是應即照准候飭東三省官銀號速核議覆再行飭遵繳摺存

擬辦龍華岡墾務稟

竊維東三省山荒土沃甲於他省吉黑兩省邊荒及奉省東西流水一帶近年以來陸續開墾惟遼東白山以南鴨江以北除歷年獵戶木把僱募韓僑租墾外其餘江岸山溝叢林密箐一經芟夷厥維沃壤無奈路不交通地皆甌脫龍華岡以上縱橫數百里土曠而肥商民垂涎久矣率因山林阻隔途窮而返東道之不通則是邊荒墾務一大阻力也自本年七月間岡路一開不過甫通馳道而遠近領荒者已二百餘戶踰年當益繁庶但恐民情貪多而好勝領荒之心有餘開荒之力不足遲之又久而荒穢如故是佔荒也與開荒宗旨相左迺復酌訂簡章自本年領荒之日起早則六個月遲則八個月必須按照領荒地址建修廬舍購運農具以爲明春開凍後墾荒之準備否則仍將原荒勒繳轉

給他人具領以昭限制目前領荒槩不索價更無絲毫雜費數年後獲有贏餘

再查照放荒章程量地升科以重

國課此次報荒民戶通化最多懦或良莠不齊致貽邊患通邑劉學海生自田間性情樸實頗有鄉望特派爲農務長凡通邑來此領荒者飭令結保稽查以資約束招墾之初與放荒迥異凡事均應從寬剷去一切規則繁文俾小民易從易曉以免苛擾長郡山林崎錯木植勝於稼穡去年調查長慶兩堡約計有一千餘戶韓佃十之六華民十之四每年收獲之穀麥黍粱不過三萬石上下日用雜費皆由此出加以秋冬之間伐木掘蔘打牲之徒麕集於此按口計糧農無餘粟自設治後人數漸增稻米雜糧尚多糴自韓境本年梨濤鎮左近七月飛霜田禾剝落東西僅四五百里而糧價遽昂萬一闔境歉收呼庚誰應兵荒交集坐困堪虞再三諮度祇有藏富於民先以龍華岡數百里閒田爲長白養命之源委員所以趕籌開墾以便逐漸擴張准備非常之處者職此之由管仲

之治齊也富强冠列邦讀春秋一書祇見其圖伯之雄及詳攷管子度地地員山國軌權數等篇始恍然於九合之功固不在外交而在內政觀其對桓公之言曰土地博大野不可以無吏又曰凡有地牧民者國多財則遠者來地僻舉則民留處由今証古益信當時官山之利實先由官吏開之於前民乃趨之於後其潛移默運之權實超出漢唐諸臣移民殖邊之策而今之談實邊者猶沿襲移民之故智以財輸民不能以地輸民無怪其策之不能行也變而招墾而道路不通保護不力民仍視爲畏途矣就長郡現形而論非招墾不足以圖存非預籌招墾之方亦不足以廣招徠現在岡路已通旅房已修沿岡工隊亦足以資保護與從前榛棘彌山夐無人跡者迥不相同顧地博物饒斷非一都一邑之民所能盡地利而拓農功周禮土訓掌道地圖以詔 地事詔之云者即廣告之謂也擬將所陳各情懇請

憲台通飭各府州縣宣諭遠近商民一體周知以廣招徠是否有當伏乞

欽裁所有籌訂龍華岡招墾簡章以興農業而備兵荒緣由理合呈請

查核批示祇遵實爲公便

宣統元年九月二十一日奉

督撫憲批據呈招墾主義頗中肯要應准試辦惟查所叙簡章其扼要之點一限期墾地二免收地價三寬升科四取具保結一四兩層俱應切實辦到方能謀大利而保治安至免收地價原爲邊地便於招徠起見究竟應共放地若干亦當先行繪具圖說分別奏咨立案辦理以免將來駁詰所有領戶仍應發領執照藉便稽查但既免繳地價應明定期限不許私行典賣致令漁利升科期限雖不可不寬然亦當預爲之程以免後來轇轕仰即另訂簡章分別臚列呈候核辦至請通飭各府州縣一層龍華岡一帶可墾之地究竟能容墾地人口多少亦未聲叙明白倘或各屬農民爭利而趨紛至沓來後員又何以應俟於呈定簡章時酌量算定或者先從奉錦新三府屬人戶繁盛處所出示招集亦無

不可總之實邊以殖地爲要圖衆民以厚食爲先務如該員之融會古今動得機宜原無不准之請惟立法貴極精詳乃能一勞永逸舊例雖多窒碍亦當借証參觀所擬招墾簡章固不可以疏節闊目勝也仰即知照繳

擬辦長郡森林以占利權稟

竊維長郡鴨江以北與採木公司劃界後亟應將六十華里界址趕籌巨欵自行僱工分段砍木預保未失之權利否則六十華里內之木植不及十年即如牛山濯濯該公司必援約要商隴蜀相望步步侵佔勢必致白山以南木利一空擬請分界後即添募工兵四隊將京北岡所勘車道趕工速竣即以修道之工兵駕輕就熟分別砍木墾荒散布於江北山南兼營并進勢順利便寓兵隊於農林杜强鄰之垂涎行之既久權利兼收且可藉資餘利以助行政用軍之費一撫松設治重在清內匪安圖設治重在弭外患該處皆長白後盾因欵絀不暇並擧乃先設局調查究竟地闊民稀斷非局勇四十名即能保衛然若大

張旗鼓添駐重兵就國勢論强鄰責言亦勢所必至據該委員等攷查安撫一帶森林不亞鴨江仍應由工兵入手仿照長郡辦法添募工兵四隊分布於安圖之頭二道白河撫松之漫江萬里河等地方夏秋修道冬春砍木兵多則用繁利在人趨商民不招自集山荒不放自開地闢民聚以守爲戰兵民一氣聲威亦壯統計長安撫三處添招工兵八隊每年約需餉七八萬兩之譜而藉以爲

國家保利權振邊威者實猶不止此數是否有當伏乞批示祇遵

宣統元年八月初六日奉

督撫憲批查長臨松圖一帶森林關係重要亟應派員前往查勘妥籌辦法以便次第舉辦繳

外交

與採木公司力辯採薪燒炭有違條約稟

案查光緒三十四年四月十五日在北京商訂中日合辦木植公司大綱十三條並在奉天續訂詳細章程二十一條早經宣示民間一律遵照在案茲於本月初二初五等日惠山鎮採木分局局長吉岡豪雄先後發給無數木牌過江採薪燒炭轉相售賣正在援約力爭嚴詞抗阻旋據董事人等聯稱自採木公司一立邊民生計已窮若再令越界採薪燒炭轉相售賣荒徼窮黎祇有坐困待斃乞速賜保全以救蟻命等情委員察看民情驚惶恐釀事端當經諭令聽候商辦去後即派交涉員楊春爚往覆確商迄無成議查原訂章程所稱採取木料者固專指伐木編簰而言並未載有取燒薪炭轉相售賣字樣各國通例凡約所不載者即屬理不當爲今該分局違約牟利且擬施强硬手段邊氓野蠻性成困則必鬪萬一滋生事端咎將誰歸除將詳細原委函懇
理事長胡主持電覆外所有商阻採木公司分局取燒薪炭轉相售賣以符原約而全民命緣由理合將來電逐條辯駁一併鈔呈

憲台查核迅賜批示祗遵實爲公便
就惠山鎮分局轉交安東採木公司來電逐條駁辯
宣統元年二月初二日來電柴炭採取無關緊要
查吉岡面稱有每年用木柴二千貫木炭二萬貫除公司用外售賣等語來
電云無關緊要似亦不以該分局爲然
二月十一日來電採取木柴之事直僱韓人可也
查採木公司原訂章程倘專僱淸國木把以防侵越今准令專僱韓人更屬
不合
二月十三日來電於本公司採木區域無論用枝及柴炭之採取是爲當務
之急速將此事轉達長白府可也
查來電似又以採取柴炭爲公司條約外應有之權地方官不得干預者然
顧公司有採木之權並無採取柴炭之權如違約妄行卑府不能認保護之

權

禁阻日人招募韓僑爲兵禀

爲呈請備查事竊條陳善後策內列有籃韓籍一條誠恐籍貫牽混後患滋多乃此禀未經繕發檢端已露本月初二日突有韓國風憲蔡風權暨通士金道一等來府禀謁隨即延詢據稱社民等耕田納租向歸華官管理奈日本憲兵分遣所勒選充兵概不樂從懇恩移照日官勿令應募俾安農業並呈情原一紙禀同前由 職等 除諭令聽候核辦去後廼與交涉員楊春繪悉心確商僉謂該風憲等既稱越墾有年向屬清國管轄之民倘竟置不爲理匪特大拂韓民之望抑且自棄管轄之權况鴨綠江北岸韓民准保性命財產載在條約若任令日官招募而不爲申辯是默許其爲日兵也許其爲日本之兵與認其爲日本之民何以異既認爲日本之民按照中日通商條約第二十欵內載有日本在中國之人民財產物件專歸日本妥派官吏管轄等語彼若執此次條約狡

辯則韓民財產所在之處卽爲日本權力所及之處華官管理之權拱手而讓諸日本其所失奚啻倍蓰耶嗣後再遇詞訟案件彼必藉端干涉更將何辭以對此節雖微關係極重勢非援照二十五年約章保護韓人財產一條據約力爭別無挽回之策乃令楊委員春繪偕繙譯員陳盛元赴惠山鎭與炮兵大尉青山貞次郎一面先行婉商停止招募倘有不諧當親詣該鎭援約力爭務令不失主權而後已旋據該員等回稱青山貞次郎始猶權詞以解繼則允服既停右岸募兵並電知新牌城一律停募尙屬顧全大局當卽宣諭該風憲等廣告兩社民人照舊安業以免驚懼該風憲等叩謝而去頗知感激惟此案雖結來日方長難保以後不再生枝節日人善用暗侵計策往往藉端要挾以達其目的韓籍不淸禍亂潛伏外部交涉殷繁若遽請商釐韓籍既恐難以邀准且恐一經提議轉貽日人實乘間曉舌轇轕滋紛亦不得不慮也前陳釐籍之策以擬爲招籙備韓民歸化地步此猶潛移默化之宗旨按照歸化自由條例誠

爲善策但目前既有此招兵一舉其覦線所注已集於江北韓民則歸化取籍一層亟應籌畫以備抵禦韓民越墾數十百年食毛踐土照籍限例應取籍者一中韓條約准保越墾韓民既歸我保護豈容隷彼版圖應取籍者二此次兩社風憲投具情原書詞亦自稱清國管轄之民論其希望主義應取籍者三有此三種原因足資抵禦秖有韓籍未除一缺點耳爲今日計惟有以三種原因爲目前抵禦之資料以删除韓籍爲將來必要之方針庶幾禍根可熄而邊防永固矣所有派員商阻募兵以安韓民亟應發國籍而遏患萌緣由理合抄錄稟批呈請

憲台查核存案備查實爲公便

計抄呈稟批清摺一扣

光緒三十四年九月十五日奉

督撫憲批呈悉仰候如呈備案可也繳清摺存

貴和鄉社民韓僑金寧瑞蔡鳳祿等情原書

右情由事矣等俱是韓國流離之民迫於飢寒越墾資接則矣等生命財產專賴清國官爺保護惠山憲兵分遣所於新乫坡日前告示曰今選憲兵補助員社內有文識健壯者幾許名來待此處民民徒知犁鋤有難抄選而況清國管轄之民焉敢無告而應選乎懇

大府移照於惠山本憲兵所選兵一欵勿爲施行

批據情原書稱該社民流離越墾生命財產專賴　清官保護歷年已久即屬清國管轄之民現因惠山鎮憲兵分遣所募充爲兵懇乞移照勿爲施行等情據此查光緒二十五年中韓條約第八欵內載有韓人已經越墾者准其安業保其性命財產以後應一律禁止等語歷經遵照在案該民等所稱尚與條約相符當即與惠山鎮日本官青山貞次郎面商允協凡居住鴨綠江北岸韓民現已禁止招募並電知新牌城憲兵分遣所即行停募以免驚懼合行批示仰

即傳知該社居民以體遵照此批

陳採木關係邊要懇請預防後患稟

竊維採木公司合辦章程由外務部商訂大綱又蒙
憲台飭下度支司交涉司暨東邊道會議詳細規條至嚴且密何敢妄瀆一辭
惟按照公司條欵參攷地面情形有與邊務相關碍者管窺所及未敢緘默敬
爲我
憲台陳之
一分局宜設鴨江北岸也　查公司原定地段自帽兒山訖二十四溝全係長
臨轄境自應在塔甸帽山各設一局鳩工趕造費不過數千金期不過五六月
准可告戒操縱在我奈道路喧闐有租借韓岸日厰權作分局之説報紙亦載
有長白分局暫設惠山鎭俟長郡完備再行移設等語 委員 私心懸揣若明年
果能移居北岸尚可挽回一二否則一着輸人全棋皆失始而以房科租繼而

以租抵本無母而子孰利孰害華員華把僑寓韓界種種花消任彼居奇三百萬銀圓專爲日韓流通之用以利詔人獨後也木把類多强悍往來彼岸一有衝突官權不逮保護維艱失利失權流弊滋多可慮者一

一採木界限宜早劃淸也　查原定六十華里誠爲切要辦法劃界起點應從鴨綠幹流取綫向北寬不過五六十里或一二十里即遇大岡惟溝身灣長或三四十里二三十里不等溝中之木除十九道以上入溝三四里八九里森林密茂外其餘如十二道溝入溝五六十里八道溝入溝七八十里纔有木可伐亦不過數十年間便如牛山濯濯若不劃淸里綫勒石標識勢將越嶺深入旦旦而伐年復一年松渾上游之木必不能保此次勘界員劉建封等條陳岡後森林從松圖兩江設法購運冀脫去鴨江公司之範圍力爭先着權自我操曾經稟明在案倘此次界綫不淸得隴望蜀並松圖兩江之木植而棄之則東邊之民命絕矣可慮者二

一木頭木把宜廣招徠也　查原章木把專用華人最爲善策乃今年華把入山者就通臨兩縣而論不及上年十之二三詢厥原因固由木價大減亦由公司限制綦嚴富商不敢擔保把頭亦皆畏縮日人重利輕約必將藉口變章改僱日韓木把攙我利權人數平均猶虞衝突况客把日多强賓奪主帽山以上長白以下發祥之域貪狼滿山萬一有變今日木把皆異日强敵可慮者三

以上各節皆與邊務有關趁茲開辦之初斬斷日後轇轕倘屬愼始之道所有採木關係邊要預防後患緣由理合呈請

查核迅速施行

宣統元年正月初六日奉

督憲批呈悉所陳採木關係各條極有見地足見該守等留心邊要殊堪嘉許候飭東邊道就近妥籌抵制辦法藉弭隱患此繳

禁阻韓民越江伐木稟

咨委員承乏邊陲時常以綏輯邊氓顧全鄰誼爲兢兢其於條約利權無甚關礙者當即從權綏辦冀相安於無事惟鴨綠江南岸韓民每居冬春之間輙行過江砍木名爲炊爨零用實則高五六尺圍三四尺不等類皆巨室大木若竟任令斬伐漫無限制不特於華民生計有礙且恐積久易釀爭端轉非愼重邦交之道前巡警局巡長狃沿舊年習慣擬按伐木之大小多寡酌量抽用亦非正當之辦法業經嚴行諭禁飭候稟訂准章以資遵守蓋自採木合辦之公司一立其關乎民間權利有不能不禁阻者謹擬數端上陳

鈞座查公司採木定章以六十華里爲限則六十里內之森林日益減民間日用之木日益少其在華界韓僑自應稍寬其例一視同仁若再令對岸韓民越江而伐則所以優待韓僑者亦無所區別其不能不限制者一也年前華民王寬入韓山砍木被日入以越界扣留該民人曾稟由臨江縣李丞詳東邊道批行日本木廠長設法議結在案至今王寬在長疊次喊控尚未了結華砍韓木

則被扣韓伐華木則不禁凡事不平則鳴既無以服華民之心難保不互相仇敵激成他變邊民獷悍走險堪虞其不能不禁阻者二也惠山鎮左近韓山已如牛山濯濯去冬有日人勾結我界韓民私行越江採木燒炭旋經訪明禁止若此端一開必至紛至沓來利權外溢懼無終極就目前韓岸而論若按山價公例嚴定抽價章程雖多取之而彼不但奉從且感大德但恐公司剝之於前韓民縱之於後不數年後薪昂於桂釜爨維艱小民怨我詈我咎將誰歸其不能不禁阻者三也以上各節在彼有可禁之例在我有應禁之權名正言順似

無庸上瀆

憲聽惟事關邊務用特據實稟陳是否有當懇

飭交涉司詳加核議俾臻妥善所有禁阻韓民越江採木以弭爭端而保利權

緣由理合呈請

查核批示祗遵實爲公便

宣統元年二月二十二日奉
督撫憲批呈悉韓民越江伐木損害殊多該守嚴行諭禁甚是仰仍一面堅持禁
阻一面候本大臣部院飭交涉司妥議具覆再行飭遵繳

臚陳變通對待韓僑辦法稟

竊卑局於宣統元年正月初二日接閱報章載有
欽憲飭訂對待韓僑辦法一節即擬將長郡韓僑情形臚列具陳適因慶長兩堡
今年初歸長郡治理正在開章明義宣議種種章程未及稟陳茲於本月十二
日准調查員華天保到臨交閱調查韓民條款並入境入籍一切規條捧誦之
餘莫名欽佩惟原訂各條有與此處韓僑情形不甚相同者一律遵守翻形窒
礙且失利權緣長臨一帶越墾之民名爲韓僑實則華佃有戶口無糧册有動
産無不動産房屋地畝概歸田主管轄去留之田在田主韓民毫無自主之權
除按地畝多寡爲田主納租外又每年每名納租二斗以資辦公無所謂糧名

也與地方官亦無直接之權前次由臨回長道經十二道溝暨半截溝韓氓因租斗較舊斗稍昂懇呈核減其情懇書內皆稱華民爲田主自稱爲佃戶情形已可槩見然東邊華民少韓民多且堅苦耐勞無故被逐者亦少有一世二世至三世而爲華佃者就外客論房產類爲管業一與田主齟齬麾之即去無狡辯無輾轉數十百年相沿日久亦相安無事然其對華官也輒自稱歸化之民亦曰管轄之民及詢其對韓官若何則曰仍納租矣仍供會矣此種華而韓韓而華不華不韓之民實爲各國公例所無所幸者地畝房屋皆非其管業操縱在我耳此長郡韓僑之實在情形也查此次所訂各條擬將韓民所墾之田所住之房即指爲該韓民管理之業故所訂待遇各條入籍各條仍以普通公例相繩尚有窒礙難行之處光緒二十五年中韓條約第十二欵內載有韓民已經越墾者准其安業俾保性命財產等語按現在情形而論當時所訂財產二字詞意尚涉含糊委員丞乏邊陲查詢明確若竟心懷顧忌隱忍不言惟負我

憲台愼邊之意茲特不揣譾陋冒昧瀆陳應如何

俯施採擇酌加更正之處尚乞

鑒核所有查覈韓僑實在情形亟應變通辦法以防窒礙而保利權緣由理合

分條按譯另繕淸摺呈請

查核施行

謹摘錄原訂規則與韓僑情形不符者數條分別繕呈

鑒核

計開

一查原訂韓民入境應守規條第五條有凡墾地及貿易者須照章完納一切賦

稅一節

按韓民有貿易者自應照章抽稅惟墾地向係僱工並無韓戶根冊納賦一

層俟登檔冊後方能核辦

一查原訂待遇有業韓民第二條載以前佔墾官民荒地之韓民如應將地畝交還者酌給工資第三條以前韓民佔墾官民荒地禁止私自讓與交換轉買必須禀請地方官批准各等語

按以前韓民越墾均係華民招僱名爲代墾非佔墾也墾荒多少全歸華主本無應交還與不應交還之區別更無讓與交還轉買之權力地方官亦決無批准辦理之説彼亦未嘗擅請也若一給工資准其禀候批示轉似以地權與韓民矣其歷年僱墾章程或三年至五年免租抵作工資嗣後按年給租否則收地向不給資彼亦無詞

一查原定韓民入籍條件第二條載須在中國居三年有生活之本據地各墾地之住房貿易之鋪店等類

按韓民在中國有十餘年至五六十年七八十年者不等其墾地之住房貿易之鋪店均聽該管田主指揮修蓋絲毫不得擅主故有在中國數十年而

無所謂本據地者但知食毛踐土不敢據爲己有若必按本據地而論終與入籍之例不符惟牲畜犂耙則有之是亦動產非不動產也

以上摘錄數條專爲區別韓僑實係佃戶並無地畝房屋故不必以交還買換及生活本據地等項字樣加之韓民使韓民無從發展而華民地主仍有去留自主之權是爲清韓交涉上第一扼要關鍵權限分明糾葛自無

謹查照韓僑情形分別辦法妥擬管見數條附呈

鑒核

調查韓民之條欵十六條應請照舊

對於無業韓民之處置 三條應請照舊

對於有業韓民之待遇 妥擬四條原訂四條應請照舊

一凡在鴨綠江右岸越墾之韓民向係爲華民傭工藉資開墾其所墾地畝應仍歸僱墾之田主管業韓民不得據爲己有以昭限制

一凡在光緒二十五年以前已經越墾之韓民仍由中國官長照約保護以示優待至在二十五年以後者一律查禁

一被僱之韓民如果安居樂業盡力農事無礙治安華民亦不得輒行驅逐致有虐待之行爲

一韓民在中國既得享佃戶墾荒之利凡地方應納之一切稅租應照歷年舊章辦理違者斥逐

韓民入籍之條件 三四六七各條均照舊二五兩條酌擬

一韓民僑寓中國查照各國入籍年例早已踰限若必拘本據地與本有資產相衡似非優待韓僑之意茲特稍事變通如果年限已滿實係良善農民應准稟明所駐地方官入籍入籍後准其領荒開墾以示優異倘領荒以後不安本業有妨治安仍准地方官扣除名籍收回已墾之產 此條因韓民在中國向無本處地亦無資產可查故擬改訂 例外四條似可從簡

韓民入籍之効力一條（廩劉熙啓）

宣統元年二月二十五日奉

（督撫）憲批呈悉該守所擬變通各條極有見地其餘各處韓僑情形諒亦難免與原訂規則不符者仰候各委員調查一律竣事具覆後再行彙核辦理此繳摺存

密陳延吉草約誤指穆石爲定界碑侵越甚多並有碍長郡鴨綠江權禀

竊宣統元年九月二十七日安圖調查局委員劉令建封到長禀陳該局調查事宜並携帶延吉草約一紙呈請查閱（委員）展閱之餘且驚且愕查條約第一欵內載兩國彼此聲明以圖們江爲中韓國界其江源地方自定界碑起至石乙水爲界又條約善後第四欵內載有圖們江雜居區域外如有墾地韓民照舊歸中國地方官一律保護管轄裁判此節業經日使聲明惟謂鴨綠兩岸彼此均有人民越墾須俟他日提議各等語循誦再三想見

外部大臣計議遠識於劃分疆域之際隱以收裁判管轄之權無任欽佩惟約內以穆石爲定界碑且以爲江源地方不特於該處形勢方向均有未協即按諸康熙五十年
聖祖仁皇帝查邊之
諭旨亦有大不相符者强權脅迫今昔殊情在　樞部固亦有不得已之苦衷區區邊吏何敢曉瀆但既以穆碑定兩國之界是即以穆碑定兩江之源圖們江源既混鴨綠江源亦將連類以及長郡爲鴨綠江源流所在之區域委員仰蒙
優睞承乏是邦若竟諱避不言詎非有負
憲恩茲特援古証今敬爲
憲台密切陳之窃維穆石爲查邊而設非定界碑也伏讀東華錄
聖祖仁皇帝於康熙五十年諭大學士等有云混同江即松花江自長白山後流出由船廠打牲烏拉向東北流會黑龍江入海此皆中國地方鴨綠江自長白東南流

出向西南而往由鳳凰城朝鮮義州兩間入於海江之西北係中國地方江之東南係朝鮮地方以江爲界土門江自長白山東邊流出向東南入於海土門江西南係朝鮮地方東北係中國地方亦以江爲界此處俱已明白但鴨綠江土門江二江之間地方知之不明因派打牲烏拉總管穆克登前往查閱時康熙五十年五月初五日之

諭旨也是爲穆克登查邊之始是年八月又奉有

諭旨謂此去特爲查我邊境與彼國無涉但我邊內路途遙遠地方甚險倘中國有阻令朝鮮國稍爲照管將此情由着該部曉諭朝鮮國本年進貢官員令其抄寫賫付該王時康熙五十年八月之

諭旨也是爲穆克登查邊而非分界之確証次年五月穆克登入山查閱朝鮮國王派接伴使樸權觀察使李善溥同照管並上書懇請特許職等一人得陪後塵等語穆緫管獨嚴詞拒絕不許同行獨率僚屬等至長白山分水嶺勒石爲

記其文曰穆克登查邊至此審視西爲鴨綠東爲土們時康熙五十一年五月間事也是爲分水嶺勒石爲記而非會同定界之確証旋因土門江之源順流而下審視至數十里不見水痕從石縫暗流百里許方現巨水流於茂山兩岸草稀地平恐人不知邊界致生侵越迺復以此情咨商撲權等擬在兩江發源分水嶺之中立碑並在近茂山惠山（惠山在茂山府治與長郡對岸惠山鎮俗名協山城相距尚遠）等處立栅爲界而撲權等覆稱木栅非長久之計或築土或聚石或樹栅趁農歇始役一二年後完畢亦自無妨各等語時康熙五十一年六月間是事也當時撲權等以此事自任嗣後何時立標立碑無跡可查顧吉林通志諸書皆載有自三江口至小白山實有界碑凡十字曰華夏金湯固河山帶礪長是審視碑外尙有十字界碑即日人守田利源滿洲地誌亦謂康熙五十年總管穆克登立有華夏金湯固山河帶礪長界碑字樣審是則以小白山迤東十字碑爲界雖無遺蹟可考尙可抱定自三江口至小白山一語爲鐵板注脚詳細尋勘總可兩得其平若審

覩碑固無分界字樣也是爲分水嶺東另有界碑而穆碑實非界碑之明証自去年四月至今年九月勘界員劉令建封三至長白山頂周圍查閱穆碑在今長白山天池偏南三奇峯下與當時穆克登所稱之分水嶺（係在小白山頂）相距六十餘里之遥見有確據實非原碑故址且其文曰審視西爲鴨綠東爲土門按當日之碑文考以今日現時之地理委係因分水嶺西有建川溝爲鴨綠江源故曰西爲鴨綠嶺東有三汲泡爲土門江源故曰東爲土門建川溝發源於嶺西三汲泡發源於嶺東東西分流故曰分水嶺究竟鴨綠江正流至曖江衛衛河合流之雙岔口始名鴨綠江距建川溝尚有一百餘里圖們江正流至紅丹水紅旗河與朝鮮南岸西豆水合流之三江口始名土門江距三汲泡尚有二百餘里其發源處並不以鴨綠土門名以其爲上流之水源也故遠而望之曰審視此當時穆克登立碑之精意而仍與

聖祖仁皇帝查邊之

諭旨相符若按今碑所立地址在三奇峯下既無分水嶺之名東西兩小溝水現沒無常亦不得指爲江源建川溝三汲泡就方向論均在東南更與穆碑所謂東西者全然不符是爲今日穆碑決非分水嶺舊址之明証自此次查邊後歷二百餘年中間毫無異說迨至光緒初年而勘界之案又起延及十一二三年中韓兩國疊次派員會勘總以尋覔圖們江源爲定界扼要辦法故有以紅丹水爲江源又有以石乙水爲江源者往復辯駁雖未定案從無以穆碑爲界並以爲江源之說總署原案具在可覆覈也今第一款內竟謂其江源地方自定界碑起是直以審視碑爲定界碑也是又以定界碑爲江源地方也果如此說於圖們江所失地方未敢懸度而於鴨綠江上游地方損傷實多蓋鴨綠江上游有二源一源葡萄江在朝鮮境內一源暖江在中國境內暖江上游相傳爲旱溝河忽流忽斷與穆碑原立之分水嶺亦不相接將來分界應以暖江與葡萄河合流之雙岔口爲正當辦法如日人以穆碑西爲鴨綠江一語狡辯强權之

下降而退讓以原立分水嶺爲界已屬吃虧不少倘以今碑所在爲界則長白山東南一帶如臙脂山小白山七星湖太平川木頭峯玉帶山等區域一網打盡矣按地勢而論由石乙水轉折而西而北如尖錐形直入長白山之中心點譬如利觿穿胸幾何不斃發祥之區淪爲異域列祖有靈歆恨何堪萬國公例凡古蹟靈區爲本國所實重者尚應退還保存况爲我朝肇跡之遺姆聖域耶夫堪輿之說猶不足據即就原案而論上自康熙五十年以至光緒十三年參考歷代之案宗並延吉之報告與去年四月至今年九月長白調查員之闢說論辯亦不得強指穆碑爲界而得隴望蜀並令鴨綠江人民土地陰受無窮之影響也又其四條云鴨綠江兩岸彼此均有人民越墾須俟異日提議等語誠爲慎重起見惟鴨綠江右岸華民並無赴韓岸越墾者祇有韓民向華界越墾歷年已久東山民人稀少均係華民僱之使來名爲佃戶

所墾之地三年後爲華民納租所住之屋亦歸華民管轄並無地產房産之權若照延吉條約第五款內載韓民之地産房産一律切實保護辦法似予韓民以土地之權實與長郡韓僑情形大相刺謬 委員 今年二月間因 上憲札開對待韓僑辦法與長郡情形不同曾經逐條縷陳並另擬變通辦法稟請查核更正在案現查延吉條約有異日提議鴨綠江越墾一節用特先期陳明並鈔前次原稟呈請存案備查爲異日提議之准備此皆與我

國家人民土地之權有密切之關係並非爲長郡一隅斤斤較量於其間也 委員 濫竽邊陲將近兩年一切應辦事宜毫無起色捫心自問抱愧滋多惟長郡斗絕大東距省一千五百餘里凡管見所及無論是否有當不敢避言高之罪總思據實上陳以副我

憲台慎重邊防之至意如蒙

俯賜採擇其可否轉咨

外務部存查之處委員未敢擅擬除稟牘不便明言事件仍令劉令建封面陳外所有草約俟指穆碑爲定界碑侵越甚多並有碍長郡鴨綠江權緣由理合繪圖貼說並抄錄原稟呈請查核施行實爲公便

宣統元年十一月十四日奉

督撫憲批呈圖均悉俟即咨商　外務部定奪並速催劉令來省面詢一切繳圖存

路工記

光緒三十四年五月二十一日自臨江林子頭開修抵臨江署東二道溝門共一百二十餘里車道中間有無數溝洌共墊修小橋一百餘處改名蕩平嶺嶺西嶺東修蓋營房旅店共三十六間於本年十一月竣工其河水較大者無橋梁不能流車宣統元年三月間又開修橋工嶺西修大橋十一座嶺東修大橋

十七座本年十一月一律竣工車行無阻由臨江二道溝登東北岡至長郡署西梨溝鎮共四百六十餘里自光緒三十四年十一月開修馱道至宣統元年七月間告竣添蓋營房旅店共五十五間相距五六十里三四十里不等改名龍華岡駝道已通惟龍華岡路綫砍寬八丈者一百七八十里寬一丈者二百餘里明年開修車道尚須一律展寬

江巡記

江巡之設爲踞江權第一要義光緒三十四年冬包修大江艚兩艘小江艚四艘於宣統元年五月間竣工由通化運至安東溯鴨江而上至長白府每大艚一艘配直巡兵十名小艚一艘配置巡兵五名共四十名巡長兼書記一名夏秋運貨冬春巡江暇則教以操法並援以萬國江河公例以便應對外人緣鴨綠本中韓公共之江梭巡之法與應付之方不得不預爲研究也

長白府閭境十五社戶口一覽表

地名	方向里數	華民戶數	韓僑戶數	華民人數	韓僑人數
塔甸		六戶	十九戶	五十九人	九十五人
溫厚社	署東北六里	十三戶	六十戶	四十三人	二百七十六人
良善社	署東北二十里	四戶	二十戶	十八人	七十人
恭順社	署東北三十五里	五戶	三十七戶	五人	一百九十四人
梨溝鎮	署西北三里	二戶	十二戶	三人	二十一人
小梨溝鎮	署西北十三里	三戶	四十五戶	十七人	一百六十人
萬寶岡	署正西十五里	二十戶	五十四戶	一百六十六人	二百零八人
南湖頭	署西南二十四里	九戶	二十七戶	七十二人	一百一十七人
癸恩社	署正西三十四里	十六戶	五十七戶	五十三人	二百五十三人

長白徵存錄

西砬縫	署正西四十二里	六戶	十六戶	二十四人	六十四人
東砬縫	署正西四十五里	十三戶	五十六戶	五十人	二百二十四人
壬皇社	署正西五十四里	八戶	六十四戶	三十七人	二百二十六人
金華鎮	署正西四十五里	十六戶	七十戶	九十二人	二百七十人
辛裕社	署正西六十八里	五戶	四十一戶	十八人	一百五十人
豐樂園	署正西八十四里	十八戶	一百一十五戶	七十二人	四百三十三人
庚順社	署正西九十三里	八戶	十五戶	二十一人	四十九人
己恭社	署正西九十五里	十六戶	九十三戶	六十人	三百六十六人
景和鄉	署正西一百一十里	十三戶	四十一戶	五十六人	一百六十二人
下限子	署正西一百二十四里	二戶	四戶	五人	十二人
戊雨社	署正西一百三十六里	七戶	一百一十五戶	二十一人	五百四十五人

拉拉崗子	署正西一百五十一里	七戶	十八戶	二十人	一百零八人
套褲帶	署正西一百六十一里	三戶	八戶	六人	三十九人
背陰亭	署正西一百七十六里	三戶	十九戶	十一人	九十五人
三聖屯	署西北二百零五里	二十八戶	四十戶	一百二十人	二百二十二人
孤山子	署西北二百一十里	六戶	十二戶	十一人	五十三人
二股流	署西北二百一十四里	五戶	四戶	十六人	二十三人
金廠	署西北二百二十四里	四戶	九戶	九人	五十人
小南川	署西北二百三十里	四戶	三戶	七人	十二人
丙望社	署西北二百四十五里	一戶	四戶	二人	十六人
乙農社	署西北二百五十里	一戶	三戶	十人	三十一人
小蛤蟆川	署西北二百五十五里	二戶	二戶	八人	八人

大蛤蟆川	署西北二百五十八里	十六戶	二戶	五十一人	八人
甲華社	署西北二百六十六里	六戶	十八戶	二十六人	五十三人
葫蘆套	署西北二百六十九里	七戶	六戶	二十一人	三十一人
總計		華戶二百八十三戶	韓戶一千一百一十三戶	華人一千二百八人	韓人四千六百四十四人

長白府郡學堂教習學生姓名表

全郡學生均准來堂肄業

中文教習一名

趙一琴

東文語教習

王大經

甲班學生八名

許經三　王賢溥　于鵬翔　王合鎣　于文林　李振裔　盧永年

邴文彬

乙班學生八名

劉長海　郭炳烽　劉來貴　王啓運　于恩三　馬鴻賓　李開第

陳修龍

長白府慶生保學堂教習學生姓名表

教習一名

陳世奎

學生十二名

王寶鴻　叢玉山　邵永清　林幹榮　葛長銀　梁　成　孫文盛

葛長寶　王仁輔　韓永春　程漢清　周丁柱

長白府長慶兩保董事姓名表

長生保

于祥雲　張殿智　于占發　李維芳

慶生保

許馥亭　宮海亭　李國珍　孫　徽　張俶科　王明書

長白徵存錄卷八

雜識

释高勾麗碑文

惟昔始祖鄒牟王之創基也（鄒牟王即朱蒙朱蒙善射之名見魏書）出自北夫餘（梁書高勾驪出自東明東明本北夷櫜離王之子櫜離即夫餘轉音朱蒙名東明）天帝之子母河伯女郎剖卵降出（梁書魏書均載東明破殼誕生事與東國通鑑同）生子有聖□□□□□命駕巡車南下（母河伯女郎恐夫餘王殺之促其逃避）路由夫餘奄利（後漢書作淹淲梁書作淹滯）大水王臨津言曰我是皇天之子（魏書載我是日子謂日光所照而生）母河伯女郎（魏書云河伯外孫）鄒牟王爲水連葭浮龜應聲即爲連葭浮龜然後造渡於沸流谷（魏書普述水即此水今爲開原河上流即葉赫河）忽本西城（魏書作紇升骨城按開書作紇升骨城作今海龍府境內土人通稱高勾驪城）山上而建都焉（建國之始按漢魏高勾驪據有東遼河以南渾河以北鴨綠江左右地方）永樂□位因遣黃龍來下迎王王於忽本東岡黃龍首昇天顧命世子儒留（魏書朱蒙有一子曰閭諧即儒留轉音也）王以道興治大朱留王紹承基業四至十七世孫（按魏書朱蒙子閭達達子如栗如栗子莫來共三世莫來子孫相傳至曾孫宮不詳世系宮至曾孫位宮三世位宮至元孫乙弗利共四世乙弗利子釗至曾孫璉三世自朱蒙以下可考者十四世惟莫來至曾孫宮名字不詳幾世若以元孫論則璉爲朱蒙十七世孫若再推二世則璉爲十九世孫與朝鮮史冊高勾麗王十九世廣開土王之十九世

字句相符又按朱蒙以下其子孫有才畧者惟第三世之莫來能征服夫餘並吞其國至孫位宫性猛悍有勇力便弓馬當魏和帝時屢寇遼東魏正始中入寇遼西安平其文武最長者惟廣開土境平安好太王當時頗通使貢方物請圖譜爲都督遼海諸軍事征東將軍領護東夷中郎將遼東郡開國公高勾驪王當時所封爵號與碑文廣開土境平安好太王字義相符碑文內征百濟伐新羅破倭兵獲夫餘又與征東將軍領護東夷之封號相稱則好太王當即高璉無疑璉子孫曰雲曰安曰延曰成嗣世襲爵號無大勳績

國□土廣開土境平安好太王二九登祚號爲永樂太王恩澤□□皇天威武□□□被四海掃除□□康寧其業國富民殷魏書李敖傳至遼都平壤城訪事云遼東南一千餘里東至柵城南至海北至舊夫餘民戶參倍於前與碑文威被四海字義亦相符五穀豊熟昊天不弔卅有九宴駕棄國以甲寅年九月廿九日乙酉遷就山陵於是立碑銘記勳績以永後世□焉其□曰□永樂五年歲在乙未王以碑麗不息□又躬率住討叵富山負碑至鹽水上破其丘部洛六七百當用馬兼羊不可稱數於是旋駕因過襄平道東来□城方城北豐五備□遊觀土境田□而還鹽水即鹽難水今名佟佳江一名渾江在今輯安縣西南入鴨綠江太平寰宇記高勾麗下馬訾水一名鴨綠水去遼東五百里經國內城又西與一水合即鹽難水也二水合流入西南至安平城據此國內城即在今輯安地面西南流至安平城即在今寬甸地面西南安平左近現時安平河東尚有土城子土人呼爲高勾麗城與碑文內鹽水上安平道東並遊觀土境等句皆相合百殘新羅舊是屬民由來朝貢而倭以辛卯年來渡海破百殘□□□新羅以爲臣民百殘即百濟倭人渡海侵掠始此以六年丙申王躬率水軍討利殘國軍□□□首攻取

登八城臼模盧城若模盧城幹弖利□□□城閣□城牟盧□□沙城□舍蔦城阿旦城古利城□利城雜□城奥利城勾牟城古須能羅城頁□□□城分而能羅□易城□□城□□□奴城沸八船利城□鄒城也利城大山韓城掃加城敦拔城□□□婁賣城散□城□□城細城牟婁城長婁城蘇灰城燕婁城析支利城巖門至城林城□□□□□□□利城就鄒城□拔城古牟婁城閏奴城貫奴城□穰城□□□□盧城仇夫城□□□□其國城（北史隋唐各書俱稱百濟所都曰居拔城亦曰固麻城其外有五方中方曰古沙城東方曰得安城南曰久知下城西曰刀先城北曰熊津城其餘小城皆分隸之足見百濟城名之多史書不及詳碑文所列可補其闕）賊不敢氣散出交戰王威赫奴渡阿被水遣刺迫城橫□□□□便國城百殘王困逼獻□男女生白一千人細布千匹歸王自誓從今以後永爲奴客太王恩赦□宇迷之徽錄其後順之誠於是□五十八城村七百將殘王弟幷大臣十人旋師還都（魏書延興二年百濟王餘慶上表請救極叙高麗凌逼之狀魏但遣使切責麗不受命百殘被逼投誠當在此時）八年戊戌教遣偏師觀帛慎土谷因便抄得莫□羅城加太羅谷男女三百餘人自此以來朝貢論事九年己死百殘

違誓合倭和□（殘不敬乃合倭攻勾麗當時百濟爲弁韓七十八國之一南與倭接東與伯濟接故百濟與倭合）王巡下平穰而新羅遣使白王亡倭人滿其國境遺破城池以奴客爲民歸王請命太王□後稱其忠□□遣使還告以□許十年庚子教遣步騎五萬往救新羅從男居城至新羅城（新羅始附屬於百濟在百濟東南五百里）倭滿其中官兵方至倭賊退八□□□□□□□來背息追至任那加羅從拔城（通考新羅隋時設加羅任那諸國滅之碑文內所稱任那加羅在高句麗時尚未屬新羅）城即歸服安羅人戍兵拔新羅城□城倭滿□□□□□□□□□□□□□□□□□□□□九盡臣有尖安羅人戍兵□□□□□□□□倭潰城大赤□□□安羅人戍兵昔新羅安錦未有身來朝貢□□□□□開土境好太王□□□至□□□潰□□□□朝貢（此文敎新羅大捷倭寇）十四年甲辰而倭不軌侵入帶方界□□□□□石城□連船□□□□率□□□倭勾□□□□相遇王幢要截盪刻倭寇潰敗斬□無數十七年丁未敎遣步騎五萬□□□□□□□平攘□□合戰斬□湯盡所獲鎧鉀一萬餘領軍資器械不可稱數還破沙溝城婁

城還□□□□□□□□師□城（梁書倭去帶方萬二千餘里魏景初正始年間均受中國爵命魏王假金印金綬晉建武除倭王武持節督新羅任那伽羅秦韓慕韓六年諸軍事據此則倭入在梁魏時已稱强橫而好太王能一再破之洵不愧廣開之號）廿年庚戌東夫餘舊是鄒牟王屬民（按魏書莫來征夫餘夫餘大敗遂統屬焉是夫餘早爲高句驪臣屬至好太王時又征而服之而歸七鄰矣）中□不貢王躬率往諸軍到餘城而餘承國駢□□□□□□□□船□□王恩普覆於是旋還又其慕化隨官來者味仇婁鴨盧（後漢書高句驪傳所置官有相加對盧沛者古鄒等名梁書謂高句驪言語諸事多與夫餘同碑文所稱鴨盧字樣當即官長之名）卑斯麻鴨盧□立婁鴨盧肅斯舍□□□□□□盧仇所攻破城六十四村一千四百守墓人烟戶（按守墓人烟戶皆歷年征服各國之臣民讀廣以後伐人國者輒虜其居民移住本境亦廣武之意也至守墓則又待之虛矣）賣勾余民國烟二看烟三東海賈國烟三看烟五敦城□四家盡爲看烟□城一家爲看烟碑科城二家爲國煙平穰城民國煙一看煙十歲連二家爲看煙住婁人國煙一看煙卅三契谷二家爲看煙契城二家爲看煙安失連廿二家爲看煙改谷三家爲看煙新城三家爲看煙南蘇城一家爲國煙新來韓穢沙水城國煙一看煙一牟婁城二家爲看煙日比鴨岑韓五家爲看煙勾牟客頭二家爲看烟永底韓一家爲看煙舍鳥城韓穢國煙

三看煙廿一古□□羅城一家爲看煙吳古城國煙一看煙三客賢韓一家爲
看烟阿旦城雜珍城合十家爲看煙巴奴城韓九家爲看煙若模盧城四家爲
看煙若模盧城二家爲看煙牟水城三家爲看煙幹上科城國煙二看烟□□
□城國烟七看烟七□科城三家爲看烟豆奴城國烟一看烟二奧科城國烟
二看烟八須鄒城國烟二看烟五百殘南居韓國烟一看烟五大山韓城六家
爲看烟農賣城國烟一看烟一閏奴城國烟二都烟廿二古牟婁城國烟二看
烟八□城國烟一看烟八味城六家爲看烟就咨城五家爲看烟手穰城廿四
家爲看烟散船城一家爲看烟船旦城一家爲看烟勾牟城一家爲看烟於科
城八家爲看烟比科城三家爲看烟細城三家爲看烟國□上廣開土境好太
王存時敎言祖王先王但敎取遠近舊民守墓洒掃吾慮舊民轉當羸劣若吾
萬年之後安中墓者但取吾躬率所略來韓穢令備洒掃言敎如此是以如敎
令取韓穢二百廿家□其不知法則復取舊民一百十家合新舊守墓戶國烟

卅看烟三百都合三百卅家自上祖先王以來墓上不安石碑致使守墓人烟戶差錯惟國口上廣開土境好太王盡為祖先王墓上立碑銘其烟戶不令差錯又制守墓之人自今以後不得更相轉賣唯有富足之者亦不得擅買其有違令賣者刑之買者制令守墓

按碑文高勾驪王朱蒙初立國在鴨綠江右非今高麗平壤都也其裔孫位宮與魏毋邱儉戰沸流敗走丸都位宮孫釗又為慕容皝所敗追至丸都乃遷都平壤至好太王時已越三世碑文所稱平壤今平壤也百濟與高勾驪皆出自夫餘在高勾驪東南千餘里新羅又在百濟東南初皆附屬三韓與倭國毗連數被侵伐幸高勾驪王振旅興師屏藩與國威震遼東固一世之雄也高麗豈文獻之國哉至所征拔百濟各城與敉羅破倭各地名字皆殘缺不可攷間有一二散見於史冊者亦字音錯訛如置弗論第援引歷史以証碑文地理兵事足為守邊者進一籌焉釋如右

遼瀋以東

永陵

福陵均有

太祖

太宗功德實錄碑其餘則薩爾滸

御碑亭一間黃土岡石碑一通祗有滿書大淸二字無文字可稽惟輯安高勾驪

碑曾函請前朱鶴怡明府代榻一分年久代湮字迹模糊缺略甚多旋從張

度支司憲屋壁內獲覩全豹則光緒十年以前所榻也墨色光潤字體較眞

金波司憲極研求金石品謂尚有抄本並蒙賜閱循環展玩日韓兵事及好

太王事蹟歷歷如在目前惟佶屈敖牙幾不堪讀而文體古奧逼近皋初洵

非秦漢以下文字實爲窮荒希世之寶故釋文雖不甚詳而每一展閱愛不

忍釋晉魏之文則不及遠矣

附錄傅雲龍跋

勾麗好大王碑在

盛京鴨綠江北與朝鮮高山城滿浦城近初掩土中三百年前漸掘漸露至今未盡出土出者高約一十八尺面南背北約寬五尺六寸有奇東西兩側約寬四尺四寸有奇四面鐫字而石有凹凸南十一行則起惟訖那西十行起利訖大北十三行起赤訖烟東九行起七訖後凡四十有三行行四十一字約一千七百五十九然長短有差長者五寸短或三寸刻字深五六寸不等殘缺之字一百九十有七後無年月據碑知爲好大王墓碑甲寅九月廿九日己酉立未詳當何代甲寅日本人云壬午後二百七十二年之甲寅乎後三百三十二年之甲寅乎一當三國漢建興十二年一當晉元康四年然皆臆說据東國通鑑云漢永光五年高勾麗始祖高朱蒙立東國通鑑扶餘王解夫婁老無子祭山川求嗣所御馬至鯤淵見大石相對而淚怪之使人轉其石有小兒金色蛙形王喜曰此天賚我令胤養之名金蛙及長立爲太子後其相阿蘭弗曰夢天帝謂我曰將使吾子孫立國於此汝其避之東海之濱有地曰加葉原土壤膏腴宜五穀可都也遂勸王移都國號東扶餘其舊都有人自稱天帝子解慕漱

來都淵及解夫婁薨金蛙嗣得女子於大白山南優渤水問之曰我是河伯之女柳花與諸弟出遊解慕漱誘入熊心山下鴨綠室中私之即往不返父母責我無媒而從人遂謫於此蛙異之幽於室中爲日所炤引身避之日影又逐而炤之因有娠生一卵蛙棄之與犬豕不食棄之路牛馬避之棄之野鳥覆翼之蛙欲剖之不能母裹煖處有男子破殼而出骨表英奇年甫七歲自作弓矢射之發無不中夫餘俗謂善射爲朱蒙故名之蛙有七子其技能皆不及朱蒙長子帶素言於父曰朱蒙生也非常且有勇不早圖恐有後患蛙不聽令養馬朱蒙增損其飼良令駿者瘦而駑者肥蛙自乘肥而與朱蒙瘦獵于野與朱蒙矢少而殪必多蛙諸子忌欲殺之母語朱蒙曰國人將害汝以汝才略何往不可與其遲留而後悔者乎朱蒙乃與烏伊摩離陜父等三人行至淹淲水无梁祝曰我是天帝子河伯外甥今日逃難追者垂及奈何於是魚鼈成橋朱蒙得渡橋乃解追騎不及朱蒙至毛屯谷遇麻衣衲衣水藻衣三人麻衣曰再思衲衣曰武骨水藻衣曰默居朱蒙賜再思姓克氏武骨仲室氏默居少室氏語衆曰我方承景命遇此三賢豈非天乎俱至卒本扶餘沸流水上都焉以號高勾麗因姓高四方聞之來附者衆其地連靺鞨朱蒙恐見侵盜遂逐斥之靺鞨畏服不敢犯朱蒙見沸流水菜葉流下知有人居上流往尋之果有國曰沸流其王松讓見朱蒙曰寡人僻在海隅未嘗得見君子吾子何從而來曰我是天帝子來都卒本松讓曰我累世爲王君立都日淺地小不足容兩主君爲附庸可乎朱蒙忿之因與較藝松讓不能抗廿二年夏六月松讓以國降於高勾麗　按廿二年注云漢建昭三年　朝鮮史略高勾麗始祖朱蒙立先是東夫餘主金蛙得河伯女柳花爲日影所照而娠生一卵說者曰夫餘俗謂善射爲朱蒙故名太平寰宇記曰朱蒙棄夫東走渡普述水至紇升骨城遂居之號曰高勾麗國此碑鄒牟云者即朱蒙之聲轉日本姓氏錄曰長背連高麗國主鄒牟王之後鄒牟注云一名朱蒙是其一證碑文剖卵浮龜之說雖近附會然質之史籍往往而合三國志注引魏畧曰舊志又言昔北方有橐離之國者其王侍婢有身後生子王捐之圈中猪以喙噓之徙至馬閑馬以氣

嘘之不死王疑爲天子也乃令其母取畜之名曰東明常令牧馬東明善射王恐奪其國也欲殺之東明走南至施掩水以弓擊水魚鼈浮爲橋東明得渡魚鼈乃解散追兵不得渡東明因都王夫餘之地梁書曰高句麗者其先出自東明東明本北夷㯮離王之子離王出行其侍兒於後任娠離王還欲殺之侍兒曰前見天上有氣如大鷄子來降我因以有娠王囚之後遂生男王置之豕牢豕以口嘘之不死王以爲神乃聽收養長而善射王忌其猛復欲殺之東明乃奔走南至淹滯水以弓擊水魚鼈皆浮爲橋東明乘之得渡至夫餘而王焉是亦其證也東明即朱蒙身後之號見東國通鑑諸書東國通鑑壬寅夏四月高勾麗王立子類利爲太子秋九月高勾麗王朱蒙薨太子類利立葬始祖於龍山號東明聖王　壬寅注云漢鴻嘉二年高勾麗始祖十九年　東國三十年歟高勾麗祖號東明天帝之孫河伯甥逃難立國卒本川漢元帝建昭二年　東國輿地勝覽平安道中和郡東明王墓在龍山俗號眞珠墓

又按宋書諸夷傳曰嘉平五年幽州刺史毋丘儉將萬人出元菟討位宮位宮將步騎二萬人逆軍大戰於沸流位宮敗走方輿紀要曰正州城舊志在淥州西北三百八十里本沸流國故地爲公孫康所併渤海置正州於此亦曰沸

流郡以沸流水而名契丹因之仍隸涿州後廢證之朝鮮往籍沸流即卒本川俗評車衣津東國輿地勝覽成川都護府本沸流王松讓故都高勾麗始祖東明王自北夫餘來都卒本川松讓以其國降沸流江即卒本川俗稱車衣津在客館西三十步東國三十年歌扶餘國名在北又號北扶餘沸流亦國名即今平安道成川郡太平寰宇記曰馬訾水一名鴨綠水水源出東北靺鞨白山水色似鴨故俗名之夫遼東五百里經國內城南又西與一水合即鹽難水也宋書蠻夷傳曰元嘉十五年復爲索虜所攻敗走奔高麗北豐城此可爲碑云鹽水北豐諸證也百殘即百濟斯盧即新羅亦即新盧後漢書曰三韓凡七十八國伯濟其一通考曰晉時勾麗既畧有遼東百濟亦畧有遼西晉平自晉以後吞併諸國據有馬韓故地南接新羅北距高麗千餘里西限大海處小海之南晉代受藩爵自置百濟郡三國志曰辰韓十二國有斯盧國通典曰新羅國魏時新盧國其先本辰韓辰韓始有六國稍分爲十二新羅其一也魏時毋丘儉討高麗取之高麗王奔沃沮其後復歸故國留者爲新羅或曰閼彌城即關彌城見東國通鑑東國通鑑百濟辰斯王八年冬十月高勾麗攻陷百濟關彌城其城四面峭絶海水環繞王分軍七道攻之二十日乃拔百濟阿莘王二年秋八月百濟謂真武曰關彌城北鄙要地今爲高勾麗所有

（其爲我一書附會武將兵一萬伐高勾麗開黏彌城）帶方城在平壤南漢縣屬樂浪郡公孫度置帶方郡漢志注樂浪郡南部都尉治昭明是也隋大業中伐高麗分軍出帶方道謂此阿旦城修自百濟（東國通鑑百濟責稽王元年高勾麗伐帶方帶方求救於百濟王曰帶方我舅甥之國遂出師救之修阿旦城蛇城以備高勾麗）曰韓曰濊皆朝鮮地古國名後漢杜篤傳注濊貊東夷號也漢書匈奴傳集注濊或作薉晉書音義濊與穢同（碑記少羨注有似八翻釋文識本作穢）今日本人謂朝鮮人曰穢人蓋沿古語方輿紀要云服虔曰薉貊在辰韓北高麗沃沮之南東窮大海漢元朔初其君南閭降漢因置蒼海郡三年罷陳壽曰夫餘國有故城名薉蓋本濊貊地今耐濊亦其種云魏毋邱儉破高麗奔沃沮後復國其留者爲新羅兼有沃沮不耐韓濊之地惟好太王不見於東國通鑑諸書而日本姓氏錄云難波連高麗國好太王後据碑知好太王徽號曰國岡上廣開土境平安好太王下文岡上之上又作上盖石刊壙文而譌也以□爲開與日本二天造像記以□爲開同一例也曰二九登祚曰三十九晏駕是在位二十二年朝鮮史冊第云高勾麗王十九世廣開土

王在位二十二年安知非誤十七世爲十九乎徽號字數有脫畧乎其三國史記一書成於宋紹興十年東國通鑑成於明成化二十一年去古遠矣雖可盡信此碑可補朝鮮史之缺碑立於百濟新羅高勾麗三國鼎立之時所叙倭戰亦可補日本史之缺宜本人珍重碑文不置也惟釋文多誤即如釋椏爲柳廓詎知□□古非一字碑云椏被四海柸即栖字與櫆同書堯典光被四表後漢書馮異傳云横被四表爾雅釋言釋文桄孫作光𨇫無作櫆已可爲加木旁之設說文櫆積火燎之也有光誼周禮春官櫆或作栖此櫆栖通用之證

蕩平嶺碑記

長白山自東北來崔巍磅礴其間爲勝爲異爲隩爲塞支脈歧出各異名其中峯泄而爲川鴨綠江出焉爲天然之國境世昌受職之明年以國防不可不嚴

皇圖不可不廓既得請於

朝於江北岸舊臨江縣東鄙之塔何增設長白府治而塔甸實在山與水之間南枕

江流與朝鮮人可對岸語北則窮岡倚天林谷深阻崩厓旁頽猨徑下仄道茀不可行也蓋隔奉天且千五百里援絕而維州傾勞懸而珠崖棄奉長之路不達則長白終不得而治而臨江爲長西蔽不達臨無以通長故通道自臨江以西之老嶺始老嶺者亦長白支脈之一也連山屈盤萬里來東峻巖危壁互隔峭絕不可通通其西小嶺凡合徒數百役數月闢治蹊徑塡壑架梁爲里百二十而數千年之障塞遂一舉而蕩平車可方軌焉因名曰蕩平嶺是役也知府張鳳臺同知李廷玉實終始其事困慮規擘不憚勞瘁以蘄至於成可錄也夫不暫費者不久利不一勞者不永逸平治水土莫若禹禹通道於九州隨山刊木東至碣石而止則碣石以上循長白山脈而東固禹跡所不及而有待於今日之蕩平也歟塞外自古多荒漠之地往往經數千年而陵谷不變其舊與混元時無異蓋禹跡不至則人遂無有至焉者亦見創始之難通道之不易而禹之功偉也茲嶺之闢曾何足媲禹功於萬一特以經營所始適當禹跡所終其

事有若可異而跡之所遺者功之所存繼自今長白高原殷盛熾大振萬古之
孕育發無窮之寶藏以保護我
皇家於億萬斯年永永無極則是嶺之開有若攝其緘而啓其扃也是則可記者已
欽差大臣陸軍部尚書銜都察院都御史管理
三陵事務大臣總管內務府大臣東三省總督兼管三省將軍事務徐世昌撰并書

盪平嶺碑記

嶺以盪平名我
節帥徐公嘉其路工告成而名之者也查此嶺諺稱老爺嶺爲長白山西南支
嶺之一崆峴巇嶭蓊鬱灌叢芒芒黝黝泱漭無垠蓋數千百年於茲矣戊申夏
四月鳳暨延玉蒙
督撫憲檄委增治長白遙制嚴疆事關邊要應預籌全局鋤梗塞駛交通緣長白
一郡斗絕東陲捍臨蔽通屏藩遼瀋乃兵家所謂主要地也顧通長必先通臨

通臨斷自老爺嶺始詢及土人僉云嶺道有三曰南曰中曰北北道循三岔子溝門躋嶺巔繞四平街達三道陽岔跨河沿嶺勢險甚南道肇造於林子頭穿亂石窖鑿珍珠門闢寶德泉攀椵抱松嶺迤東達臨傾崎崖隤道阻工鉅中道渡白水泉越南山坡仍與南道合北三道概不易修■踟躕嗟嘆者久之道路相傳言人人殊聞自嶺西馮家窩鋪迤邐而東抵戚家窩鋪土多石寡舊爲左翼長寶貴擬修中輟惜荒廢崎嶇垂二十餘年路綫縱橫不可辨凡事耳食者懸躬親者確迺商督隊長測繪員叱騎前行披荊斬棘盤山浮澗歷抵臨江之三道陽岔左翼長遺蹟雖積久湮塞就現勢論較土人所稱三道尙屬工減費廉遂具圖呈請

軍督而議以決是年五月二十二日經始九月中旬蕆工旋覆補勘尋修俾益倬而平堅且久踰月而竣是役也工徒三百踴躍奮功夏秋之交炙風沐雨宿露餐霜自屆冬令則踐冰幕雪倚樹圍山數月之間砍樹千萬株開盤十八道

架橋梁大小百餘通逶迤紆迴悉底於平馬並轡車方軌行旅稱便若非該隊長李景明等督率勤勞奚克臻此鳳等材短任艱方懼弗勝幸在事各員黽勉從工既仰副督撫憲控馭之懷且以襄朝廷蕩平之治用特述顛末鐫之石並員弁銜名具署碑陰以昭來許非夸也以示邊防之重路政之基實始於此是爲記

長白山記

大荒之東有喬嶽焉距奉天一千六百餘里巖嶪穹窿蓊鬱磅礴參兩儀以立極渺羣嶽而獨尊者其惟我列祖列宗肇祥隤祉之長白山歟惟皇建極惟嶽降神上植柢輝下應坤軸其蘊靈毓秀也久矣特是禹貢職方書缺有間惟山海經稱爲不咸山而人跡罕到記載闕如

薦紳先生難言之粤攷羣書名稱互異漢征高麗分樂浪臨屯四郡顏曰單單大嶺晉魏南北朝中原鼎沸不遑東略唐遣劉仁軌等經略遼東曾率師抵長白山下當時號徒太山亦曰保太山五代時又易名太白山然唐書渤海傳有乞乞仲象者與靺鞨酋乞四比羽東走渡遼水保太白山之東樹壁自固似唐時已稱太白不自五代始也遼金之世始以長白名金世宗朝且隆爵號冊封興國靈應王歲時致祭如五嶽我

朝自長白山之東布勒湖哩池靈鵲銜珠孌珠獻瑞遂肇迹於赫圖阿拉是爲有部生民之始康熙十六年遣大臣覺羅武木訥隨帶侍衛數名由訥陰河溯流而上五越月而返具疏奏

旨封爲長白山之神山自麓至巔約三十餘里山頂有潭曰龍潭周圍七十里有奇深不可測泉鳴似鼓石觸如雷常濛濛有雲霧氣因又名之曰天池池多石而浮輕如粉狀如胏奇峯環峙其峋嶙而聳秀者曰白雲曰冠冕曰白頭曰三奇

日天豁曰芝盤其矗立而欹崎者若玉柱若梯雲若臥虎若孤隼若紫霞若華蓋若鐵壁若龍門若觀日若錦屏又有三泉傾瀉一金綫一玉漿一隱流與伏龍岡鷄冠岩滾石坡懸雪崖諸形勝映帶迴環風景佳麗而東北三山峯嵐尤美一麒麟一鳳凰一碧螺更有釣鰲放鶴之台松甸草塘之勝爭流競秀莫可形狀康熙十一年烏喇總管穆克登奉

旨查邊立碑於長白山之濟風嶺文曰審視東爲土門西爲鴨綠土門者即圖們之轉音三江皆發源長白然惟松花江上源二道白河直接天池鴨綠之水流自暖江圖們正支距紅土河石乙水尙百餘里更與天池隔絕總之不離乎此山者近是方玆邊疆多事陵谷變遷登高遠矚萬感交集遐思夫肅愼獻楛箕子遺封歷經新羅百濟夫餘之兵燹生民塗炭則曠代相感而欷歔不能置南望將軍葡萄諸峯與聖水渠七星湖之交錯縱橫毘連於異域而爲强隣所耽覗則有鼙鼓將帥之思爲西望龍岡蜿蜒數千里直接

啓連
隆業諸山松柏蒼翠佳氣鬱葱不禁慨然而嘆曰此皆我
列祖
列聖躬擐甲胄跋履山川之所肇造而經營之者也天作高山斗絕大東各國之遊歷
至此者猶復有圖有錄以修禖之抑亦守土者所當注意焉於是乎記
記爲籌辦長白府設治事宜張所撰長白創設郡治旁采時望以張守往理
其事規畫經歲恢綱飭紀治具畢修復於從政之暇躬攬形勝博蒐典實爲
長白山記以補昔賢之闕予既嘉其政復重其文爰爲大書勒石以永之
宣統元年閏二月
欽差大臣陸軍部尚書銜都察院都御史東三省總督兼管三省將軍事務兼署
奉天巡撫新授郵傳部尚書徐世昌撰
甯古塔瓦爾喀長白府鴨綠江辯

攷吳兆騫寧古塔記有云南門臨鴨綠江西門外三里許有石壁臨江長十五里高數千仞初至居所煎人參半片反泄利惟江水自長白山流出號人參水冬月飲之冷不傷脾初讀之以爲鴨綠江自長白西南流出松花江自長白之北流出古今記載皆無異詞甯古塔並無鴨綠江之名吳兆騫爲

國初博學名家何至錯訛如此及讀魏源 聖武記 開國龍興記一篇内又云瓦爾喀部沿瓦爾喀河入鴨綠江瀕海兩岸皆其部落在 興京之南近朝鮮語尤不解查瓦爾喀爲東海三部之一其地在圖們江流域與鴨綠江遠不相涉瀕海兩岸皆其部落恰無東海三部之説設在 興京之南近朝鮮則支離矣博學如吳魏兩公古今罕覯何敢妄爲置辯惟鴨綠江正在本郡區域誠恐以支流混大宗或隨波逐流致蹈魚珠之愆故特摘二公之説竟委窮源推其所以致悞之由太平寰宇記高句麗有馬訾水一名鴨綠水源出東北靺鞨白山水色似鴨頭故俗名之以此類推凡水色綠者均可以鴨綠名之甯古塔與

瓦爾喀左近之水或有水深而色綠者土人卽名之爲鴨綠歟李吉甫序元和志云今言地利者凡數十家尙古遠者或搜古而略今採謠俗者或傳疑而失實顧祖禹嘗謂五代以前尙可據史以繩志五代以後又當據志以律史攷據之難如此如胡氏註通鑑博且精矣而除水洛水溧陽定陵等類尙多錯悞況吳魏兩博學一則在戍所讀書一則爲聖武而記並非以方輿擅長也偶隨諺俗之稱列入記載因訛傳訛亦在所不免不得因此而短之區區嘵舌爲鴨綠江辯非與吳魏二公辯識者諒焉

由奉赴長白山路行程記

光緒三十四年夏五月朔由奉啓程出東門行二十里至天柱山少憩謁福陵（前抱渾河背負輝山興隆嶺松柏森嚴殿陛輝煌豎有太祖高皇帝功德碑紀七恨誓師盛烈）又二十里宿舊站初二日早行二十餘里過地塔又二十里抵撫順關（明經畧楊鎬分兵四路出塞總兵官杜松趙夢麟等由渾河出撫順卽此）午後三十五里過關嶺十五里過德站又十里宿營盤（按營盤東二里餘卽薩爾滸山明將杜松等軍北與界藩城吉林崖相犄角太祖一戰殲其營盤之名昉此）

初三日早過薩爾滸（舊有部長諾密納居城今湮）至鐵背山（距薩爾滸山十五里太祖殲明兵於此）又十五里至古樓（即古哷城開原方路尼堪外蘭與明寧遠伯李成梁合兵攻古哷城殺阿亥章京於此）又十里至下嘉河十五里過上嘉河（發祥世紀名嘉哈河即渾河夾山而流土人稱夾河）行二十五里越黃土岡抵馬爾墩（亂石峻崎陡險明萬曆十一年太祖率衆一旅克馬爾墩城即此）又十五里宿木奇國初有木奇和穆者部落在渾江左右即此地初四日早四十里至陵街尖飯肄謁永陵（永陵為肇興景顯四祖陵寢陵前有古榆一株蒼老異常）行四十里抵興京俗名新賓堡（開國方略發祥於長白山之鄂多里城都興京自太祖始）越日端午在同鄉藥舖憩半日度節午後三十里宿蜂蜜溝（俗指溝東即渾河源渾河發源於納綠窩集中）初六日行三十里度分水嶺三十餘里尖三棵榆樹晚行十里度歡喜嶺十五里過岡山嶺十五里抵英額布過兩宿爲初七日早行十里過高里營（與英額布相近俗喚高麗城渾）又四十五里抵快當帽子尖又十里過蝲站河（此水先蝲站故名）又十五里過江提台（此江名渾江上流在瑪鞍山下流入鴨綠江）又十五里抵通化縣（光緒三年設縣縣南濱渾江木排順流而下最為繁盛）小住數日因工隊尚未招齊囑隊長李景明趕招十一日飭隊長陳國璽先奔林子頭勘路次早由縣城動身走二里許過頭道江而東又東二十里至

二道江又東十里三道江又東十里至熱水河子借宿雜貨店與李石臣司馬暢談竟夕次早石臣循南山一路去訖予同陳水生許味三諸君覓道而東行十里至五道江又十五里六道江二十里七道江又十五里宿八道江（設有巡檢一員保光緒二十六年忠義軍倡亂臨江移居於此）自此而北八十餘里即三岔子去林子頭四十里次早奔林子頭行五里有金坑遺址三十里越紅土崖路極險五里至石人溝（岸上有峭石如人形故名）又五里至澗山溝又十里至林子頭駐臨江縣巡警局隊長測繪員稽查員皆會於此僉謂由林子頭至臨江三道一南道一中道一北道概不易修惟迤東自馮家窩鋪至嶺頂上年左翼長寶貴擬修未竣尚有車轍馬跡焉時五月十五日也次早乘馬前勘由馮家窩鋪輾轉徂東正值炎暑林谷陰翳風薰日炙行四十餘里躋嶺顛又三十餘里宿孫家窩鋪越翼日抵臨商定路工辦法另有碑記茲不贅

贈劉許兩委員絕句

光緒三十四年五月二十一日劉令建封許府經中書率同測繪員由臨赴長白山勘分奉吉界址隨帶護勇十名行三十餘里突遇猛熊三蹲臥道旁悍然不動擊之以鎗號而起衝烟而來撲護勇倒地踞坐臀下危甚幸謝巡弁鴻恩以善獵名一鎗洞熊腹斃之護勇僅傷左股無恙也醫治數月而痊員司等頗有戒心函請添勇數名以資保衛廼咏馮宮人故事以壯之

獨立當熊膽自麤諸公記得漢書無娥眉尚有英雄概況是人間大丈夫

咏江簰（木把編木爲簰順流而下名曰江簰）

光緒三十四年八月擬赴省領款坐江簰回臨正當江流暴漲驚濤怒浪歷碻石之險冲散木簰兩次簰上人皆失色余故危坐以示暇晚宿蛤螞川咏以遣悶

來由山徑去由江一葉茫茫不繫樁蛤螞川頭酣野宿烏龍峽裏駛飛艭中流放胆思同濟破浪無才恨急灘但願英雄淘不盡沈吟且聽晚鐘撞

擦屁雨過遇嶺　嶺在臨江東二十餘里極危峻人輒擦坐以行因名爲擦屁骨衝雨後行尤難咏此以贈同人

滿山樹木滿山泉陰雨愁人黑悶天鳥語哥哥行不得羊腸曲曲去猶還繞邊

愧乏晁生策開路爭揮祖逖鞭閱盡艱辛無蜀道人生切莫負英年

東山即事

我阻東山跋涉艱王基肇跡跨三韓額林樸素家風古樺屋參差夜雨寒賓客

進餐操賚斐兒童嬉戲擲羅丹幽岐遺俗今猶在法喇施囤性自安

註　額林廚中横板象几案之用　樺屋華皮架屋　賚斐木上曲柄及末遼語蒿匙也　羅丹遼語鹿踝腿骨兒童以爲戲具　法喇俗呼爬犂　施囤木筒也

咏江犁

光緒三十四年十二月坐爬犁回長郡江冰初凍水聲潺潺行人危之

薄冰初凍踏如舟不禁濤聲滚滚流松柏高擎霜雪岸江山冷抱帝王州三韓

對我慚青眼一路逢人悵白頭却喜塵氛都掃盡及時洗刷舊金甌

咏望江樓　江北岸有兩峰對峙如樓閣形土人稱爲望江樓

誰揮玉斧白雲端巧構山樓壯大觀想是天公憐寂寞故留風景在江干

咏孤松巖（江北嶺畔上有蒼松一株亭亭孤峙頗有壁立千仞之勢因名之曰孤松巖）

鏖戰風霜性益堅觚稜矗立大江邊誓將浩節撑天地不問滄桑幾變遷

古蹟

塔山記

山在署西三里許山上有靈光塔一座故名曰塔山緣東北坡迤邐而上石徑倚斜花木交錯陟其巔平而曠鴨江在左龍岡在右英光爽氣撲人眉宇東北行二百餘步層級而升曰一覽峯（取江天一覽之義）又東爲詹白峯（天晴雨霽遥望長白山冰雪如畫）又東北爲觀葡峯（北望葡萄山峯巒重疊歷歷可數）三峯聳峙適當郡署之右登高遠矚氣象萬千亦長郡之勝概云

靈光塔記

塔高五層圍八九丈日炙雨淋苔侵蘚蝕尖頂傾圮磚片零星質粗而堅擲地

有聲雖無碑碣可攷按法庫門古塔金石家稱爲元塔以此類推其爲遼元間故蹟無疑長郡斗絕大東滄海變遷一柱高撑如魯靈光殿巋然獨存因以靈光名北塔云

塔山精廬記

宣統元年秋八月築室於塔山之巔疊石爲牆釘木爲蓋越月告成顏曰塔山精廬延道人王姓以居以護以修以煉戒之曰無俾他人毀傷我牆屋俶擾我風光題其門額曰晨鐘日暮鼓俾及時以自也儆其楹聯云一水平分華夏界萬山拱護帝王州普天之下莫非王土後之人登覽而至此者目覩神會庶恍然於是廬之建意固不在山水間也是爲記

溫泉記

泉在署西十餘里之十八道溝由東岡坡下溢出分注三小池相隔十餘丈圍八九弓碎石峋嶙清淺和暖經多不凍居民有疾病疥癩者輒往浴焉浴則無

恙行近池畔硫磺之氣撲人口鼻土人謂來源處有硫磺礦其信然歟